U0069401

佛法是科學的
終極典範

蘇懿賢 著

自序

　　筆者從小喜讀文學作品，進入中學後對自然科學發生興趣，所以就立志專攻物理。後來就讀於清華大學物理系，並且一路上去，最後在清華大學取得物理學的博士學位。這中間有個轉折，或說是機緣，接觸了佛法，完全改變了我的人生。

　　從小學開始，在隱隱約約之間，對人生問題有了感觸，覺得人一出生，就是邁向死亡的單向道，這中間人生的意義何在？到底有無永恆的東西？這時也只是一種感懷，還不能做理性的質問或探討，我想應該有不少人或多或少都有這種感概與疑惑吧！

　　在十五、六歲之前，我在文學中獲得了很多心靈的慰藉，但在內心深處，仍有不踏實之感。進入高中後，被自然科學所吸引，以為做科學的探討似乎可以滿足內心的需求。進入大學之後，這才發現科學無法解決內心的困擾。原來內心深處要追求的是永恆的真理，到了大學時代，這個渴望變得越來越強烈。最後發現這世間的科學、哲學，都無法滿足我對真理的要求，因而產生了很強烈的失落感。

所以感性的文學與理性的科學都無法成為安身立命的東西。後來大學畢業後，似乎是偶然，其實冥冥之中注定好的，我遇到了佛法明師，聽聞了真正的佛法，那種如獲至寶的欣喜之情，實在無法用言語來形容。終於找到了我夢寐以求的宇宙人生永恆的真理，並且了解到「覺性」才是所有人終極的追求目標，奇怪的是，那是每個人本來就有的東西，但我們都不知道。這個佛法真理不落入人類文化（包括宗教、哲學、科學、藝術文學等）的範疇中，但又包含人類文化的所有內容；不僅是人類文化的根本所在，而且也是人類文化發展永遠的指南。作為一個物理學者，我深深地體會到佛法是科學的終極典範（或許甚至可以稱為終極的科學），故以此做為本書的書名。

　　恩師簡建德先生，俗稱簡老師，出身望族。師自幼體弱多病，感人生無常，遂發憤修道。年輕時修過道家，曾獲異人贈書與指點，卓然有成，道號雲遊子。佛法師承曹洞宗，法號樂禪居士。本人跟隨恩師三十年，深深覺得，一般世俗的稱譽，如所謂學貫東西，貫通三教，上通天文下通地理等，皆不足以形容恩師，其實他是大菩薩乘願再來。教化眾生超過一甲子，講解佛法精闢透徹，雖歷代祖師亦鮮有能與之相比者。在其一生中，救人度人不計其數。恩師講解佛法，運用很多近代科學的觀念，包括相對論、量子物理、分子生物學與數學，本書中的佛法宇宙

觀、人生觀／生命觀，以及佛法的特質與人類文化的比較，這些內容都是來自於恩師的開示，再加上我幾十年來的研究心得，在表達時盡量運用近代科學的知識或模型，這在科學昌明的這個時代，非常有必要。

如何詮釋佛經／佛法是個至關緊要的議題，歷代祖師做了很多這方面的工作，而產生各種不同宗派的論述，或以語錄，或以「論」的形式出現。闡明佛法不離文字，而文字受當代文化背景與知識的限制。古代佛教大德或歷代祖師所使用的語言及一些名相，很難令現代人產生親切之感。而近人在闡釋佛經或古德的著作時，常拘泥於文義的解釋，有時難以讓人了解佛法的真義。要讓一般大眾了解佛法，接受佛法，一定要將「佛法的詮釋現代化」，就要使用這個時代的語言，特別是科學的語言，這是很有必要且非常迫切的事情，否則佛法會趨於沒落。

以科學的語言來詮釋佛法非常必要，一方面目前是科學突飛猛進的時代，一方面佛法非常深奧，利用尖端的科學觀念反而有助於闡明佛法的奧旨，這在以前是很難辦到的事。

在本書的前言中，用了不少篇幅說明了近代科學的許多發現，一直在印證佛法的真理性質。佛法是永恆的、絕對的、全體的真理，所以過去現在未來諸佛所講的佛法都不會變，都是相同的佛法；而所謂的科學的真理是暫時

的、相對的、片面的，所以科學會進步，因此不同時代有不同的科學。佛法掌握了全體宇宙的真相，而科學所摸索到的是宇宙暫時的、模糊的、殘缺的影子。所以佛法永遠領先科學，而可以做為指引科學發展的明燈，這是很多人還無法體會的事實，而這也是本書要傳達的主要信息。

師恩浩蕩，萬難酬報。師徒之情，刻骨銘心。適值恩師圓寂十六周年之際，付梓本書，用作永恆之紀念，並將此書敬獻給淨土的恩師。希望能夠將此佛法明燈常傳下去，不僅對一般想要了解佛法的人有所幫助，並且也能裨益一些有志於學佛之士。

2020／02／10于大度山

目次

前言
目前科學界已開始印證佛法的真理性

　　科學是求真之學，科學的目標是發現真相和真理，所以可以說科學是要「**如實知萬法**」，此處「萬法」代表一切事物和一切道理。而佛法是「**如實知自心**」，這句話出自《大日經》。佛法說的「**心**」是**萬法的根源，這個心是宇宙無窮的能力的本體**，一切現象（包括能知與所知）都是從這個心而來的。**所以如果能夠「如實知自心」，就可以「如實知萬法」**，在這個意義上，佛法可以說是科學的終極典範，也可以說佛法是「**終極的科學**」（the ultimate science），或說是永遠領先已知科學的最尖端科學。用一般的話來說，**佛法是究竟永恆的宇宙人生真理**。

　　如上所說，佛法是究竟永恆的宇宙人生真理，這就是佛法的本質。佛具一切智，通曉一切宇宙的道理，遑論一般的科學。但是釋迦佛在二千六百年前的印度，要度化的是當時當地的人，所以盡量利用當時已知的天文地理知識，當然不可能講二十世紀或現在二十一世紀的科學知識給當時的人聽，說了也沒人聽得懂。不過在《長阿含

經》、《起世經》、《起世因本經》等經，對宇宙的成住壞空有詳細的說明，不僅完全符合現在的天文學與物理宇宙學，更有很多現在科學不知道的內容。**佛法永遠領先科學**，這是很多佛教學者和學佛者還沒辦法了解的事實。

現在舉一些佛經上的例子加以說明。釋迦佛曾說：「一掬之水有八萬四千蟲。」那時的人聽了都大驚小怪，明明是清水中哪有甚麼蟲？其實那是世尊天眼所見，就是現在我們要用顯微鏡才看得見的細菌。又有人問閻浮提（即地球）是甚麼形狀，釋迦佛回答說像菴摩羅果，即圓球狀，這是現在一般人的普通常識，可是當時世人普遍認為地球是平的。

又如佛說我們所作所為都記錄在第八識內（第八識常常被簡稱為八識，佛教的八識在後面講到佛法宇宙觀時會作詳細的說明），現在的分子生物學已證明一部分。人體37兆細胞中的細胞核內有DNA和RNA，DNA是遺傳基因，貯藏人體的信息。類似這種情形，我們的第八識會貯藏記憶，紀錄一生中所作的事情。傳統的底片，由於藥水的作用，可以洗出相片。DNA就像底片，RNA有如洗相片的藥水，兩個合在一起，就如同顯像作用，會造出人體各部分的器官。第八識的作用亦類此，會現出我們的身體和山河大地一切形象出來。根據這個能記憶能遺傳的功能，又可以使人得以投生到另一個世界，不過這種六道輪

迴的事情，目前科學還不知道，以後一定會成為科學研究的範圍。**會新興一種生命科學，或許可取名為「業種演化論」，來取代目前的「物種演化論」。**有關佛教的八識與人類認識的過程，在本書第二章介紹唯識的宇宙觀時會有詳細的說明。

　　另外在對物質的分析方面，佛經中說的無方分極微就相當於量子，空就相當於能量，量子的觀念很適合來了解佛法的「業」。量子的狀態用波函數來描述，用它來說明量子運動的範圍，這種波也有頻率和波長的特徵，這在後面會有更詳細的討論。不管量子的觀念還是物理宇宙學，都有無中生有的觀念，這跟佛法一樣。更不可思議的是連名詞「真空」也是共通的，只不過佛法的真空是「純能力」的世界。在物理學上，講宇宙還是物質，都是從真空中產生的。物理的真空中沒有任何東西，只有能量和場。但是真空的性質為何，時空以前是甚麼，如何從真空中產生萬有，這只有佛法才徹底弄清楚，科學還差的遠。

　　因果報應的道理，還有業的觀念，有不少人認為那是用來勸善戒惡的，好像談論這些道理有點落伍，不合科學，其實是大錯特錯。隨業受報的道理可以用量子的觀念來解釋，人死了，也不是甚麼都沒有了。近來一些尖端的科學家就用量子論來推論沒有真正的死亡，量子信息（相當於佛教說的業）仍然繼續存在，這在下面會加以說明。

其實科學越發達，反而越容易了解佛經。因為佛法太深，一般人很難了解，懂得越多近代科學，反而越可以幫忙了解佛法。

又如看電影，有回到過去，回到未來的劇情，在佛經上這種例子很多。例如在《法華經》裡，過去佛多寶如來，現身出來讚嘆釋迦佛，說世尊講的《法華經》跟過去諸佛沒有兩樣。多寶佛出來後，磁場已不一樣，已經回到幾十億年前的時空了，但是在場的佛弟子都不知道，這叫時間倒轉。另外也有四十億年後成菩薩的，也來參加法會，這時磁場又發生變化，這叫時間前轉。這種時空的變化當時大眾很多人都沒有察覺。所以如果你是內行，會看出所有西洋哲學、科學全都在佛經裡，就看你會不會看而已。

在此順便提一下時空旅行的問題。根據相對論，時空旅行在理論上是做得到的。例如廣義相對論的蟲洞可以連結不同時空的兩點，可以瞬間進入過去或未來，只是目前的科技還做不出這樣的蟲洞。筆者預測在二、三十年後應該可以做得出來，也就是說可以造出時光機。電影上的時空旅行，有的是根據狹義相對論，有的是根據廣義相對論。最奇妙的是「似曾相識」這部電影，其中的時空旅行是利用意識的力量而回到過去。二十世紀的量子物理就已發現「**意識是物理不可分割的重要元素**」，所以心理物理

這個學門就應運而生，而意識科學也正方興未艾。廣義相對論的啟示是物質／能量可以改變時空的構造與性質，所以利用蟲洞可以做時空旅行。量子物理的啟示是意識可以改變時空的構造與性質，所以利用意識／精神力量也可以做時空旅行。這就是佛經一再開示我們的「一切皆空，一切唯心」的道理，而目前的科學已開始印證這些道理了。

作為一個物理學者，本人研究佛法四十年，深深地感到**佛法才是科學家夢寐以求的真正的科學**（或如上所說的**終極科學**）。因為科學家要追求宇宙萬物的真理，而這只有佛法才可以提供。其實在學術界一些有崇高地位的人，對佛法有非常高的評價，很讚嘆佛法，現舉愛因斯坦和羅素兩人說明之。

愛因斯坦說：「**未來的宗教將是宇宙性宗教，它應該超越人格化的神（上帝），並且避免教條與神學。這種宗教將自然界與精神界皆包含於內，它應該建立於由一切自然界與精神界的經驗所產生的宗教意識上，而統合自然與精神兩者。佛教符合這樣的特徵……。若說有任何宗教可以應付現在科學的需求，那將是佛教。**」（出自1954年普林斯頓大學出版社出版的《Albert Einstein: The Human Side》一書）他曾經研究過《大藏經》、《易經》，知道科學是有局限的，他在日記裡曾寫道：「**如果將來有一個能取代科學的學科的話，那麼這唯一可能的學科就是佛教。**」他在

自傳中談到：「**我不是一名宗教徒，但如果我是的話，我願成為一名佛教徒。**」

英國數學家兼哲學家羅素說：「**佛教是思辨哲學與科學哲學的綜合，它提倡科學方法並貫徹至究極之地，故可稱為理性主義。**」

由此可知愛因斯坦認為佛教是宇宙性的未來的宗教，羅素認為佛教是至高的理性主義哲學。近來也已經有越來越多人開始以科學來稱呼佛法，像舉世聞名的達賴喇嘛與世界上各領域的出名的科學家常有對話，幾十年來已舉行了超過三十屆的「心靈與生命研討會」，他們以「心之科學」（science of mind）來稱呼佛法。

最近科學界已開始覺醒，不知不覺間漸漸產生一股認同佛法的風潮（即使他們中的一些人並不自知），特別是在物理學及生物學兩個領域上。科學界已開始發現佛法的三法印（一切無常、一切無我及一切皆空），以及「三界唯心，萬法唯識」，真的是宇宙萬有的根本原理。

在說明最近科學的驗證之前，我要先舉兩個實際的例子來說明三法印，一個是常識的，一個是物理學的，讓大家知道要理解三法印並不困難。

常識的例子是颱風，一個人的一生猶如颱風。颱風有生也有死，有一期的壽命，它也有名字（例如莫莉颱風），就像人有名字一樣。颱風是由水氣在大海上空集結

形成的，有強烈型的（風力強、暴風半徑大），中度的與微弱型的各種不同的颱風，就像人有高大強壯、中等或弱小等各種不同的體型一樣。颱風的動向及所走的路徑，是由它的氣壓及四周環境壓力等因素所決定，這些因素就像人的業決定人的命運一樣。颱風會造成影響，會傷害到人也會利益眾生，跟人一樣。最後颱風會消失，水氣會消散，就像人死了，四大分散一樣。

從颱風的例子，可以很深刻的體會到一切無常（一直在變動當中）、一切無我（莫莉只是個空名，其中並沒有一個固定的主宰中心）及一切皆空（都是因緣和合，皆無實體）。一切都是緣生即起，緣滅即散，人與颱風沒有根本的差別。

如果莫莉颱風造成一個人家破人亡，他會很痛心，可是他會真的痛恨莫莉這個東西嗎？你會真的痛恨一個人，但你不會真的痛恨一個颱風，可是颱風跟人到底有何根本的差別？明白這個道理，就可以了解因為沒有深刻體會佛法的道理（宇宙萬法的真相），而產生的執著有多深有多可怕。

另一個是物理學的例子——彩虹。在雨後的天空，或是在花園噴水澆花時，有時候會看到彩虹。釋迦牟尼佛除了用夢幻泡影，也曾舉彩虹的例子來說明萬法的虛幻。彩虹真的是一個外在客觀而有實體的東西嗎？其實每個人看

到的彩虹都不一樣。陽光經過水滴折射、反射後，進入眼中最後在大腦中形成彩虹的圖像。而因為每個人所站的位置不同，所以每個人所看到的彩虹是經過不同的水滴所形成的，而水滴的大小等因素會造成彩虹有微妙的差別，所以每個人其實看到的是屬於他自己的個別的彩虹，「大家都看到同一道彩虹」，這句話在物理上是不對的。

所以彩虹雖然一般人說是自然界的景象，但實際上它是藉由陽光、水滴以及我們站在某個位置上等「外緣」（這部分屬於物理學），加上我們的視神經、大腦的運作等「內緣」（這部分屬於神經生理學及心理學），而在我們每個人的大腦裡所「創造」出來的視覺影像。

所以在客觀上根本不存在彩虹這個實體，這就是一切皆空的意思。要有人在那邊看，透過意識的作用，才會形成彩虹的認知出來，這就是一切唯心的意思，所以根本沒有獨立於我們意識之外的一道客觀的彩虹。

物理學革命──量子啟示錄

量子物理學的誕生徹底地改變了我們對自然界及「實相」（reality）的看法。愛因斯坦說過他的相對論還不是革命性的理論，量子論才是真正革命性的理論。量子論必然引進機率的觀念，這使得物質具有先天的不確定，或不

可知的性質。而量子物理的一些實驗結果，到現在仍然很神祕難解。後來有些大物理學家，像波耳（Bohr），他引進觀察者的作用來加以解釋。另有物理大師，像維格納（Wigner）及惠勒（Wheeler）引進意識的作用來加以解釋，惠勒甚至認為意識的角色至為關鍵。所以從量子物理學的觀點來說，一個獨立於觀察者之外的自然世界是不存在的，而所謂的「實相」，不是一個外在的「東西」，而只是一個「過程」，現在舉幾個著名的實驗說明之。

波粒二重性（duality）

　　量子具有波粒二重性（二象性），它可以表現粒子性，也可以表現波性，最出名的例子就是電子（或光子）的雙狹縫實驗。如果讓單獨一個電子通過雙狹縫，在屏幕上所呈現的是它自我干涉的圖像，就像一般光的楊氏干涉圖像，這時電子就像波一樣，好像這個電子同時通過這兩個狹縫，這已經讓你很傷腦筋了，更奇怪的是它的行為會因你有不同的想法而改變。如果你硬要知道這個電子到底通過哪一個狹縫，而在其中的一個狹縫後面裝一個監測器，那就不會有干涉圖像，它就像一個粒子而不是波了。

　　所以一個獨立於觀察者之外的客觀電子是沒有意義的，當你沒有看它時，它是在不確定狀態，或說只是一種

機率的存在，這是一種量子訊息（quantum information），這就相當於佛教所說的「業」，電子的量子訊息就是電子的「業」。「業」的世界可以說是「無」的世界，而因你要看它（測量它），使得它從「無」到「有」，變成觀察到的現象，加上你意識的作用，才形成「電子是這個樣子」的認知。如果你換不同的想法與相對應的做法，又會形成不同的認知，這不就是一切皆空，一切唯心嗎？

剛才說到的「無」的世界、「有」的世界以及將會介紹到的「空」的世界，在本書第二章講到佛法的宇宙觀時會有詳細的說明。

量子糾纏（quantum entanglement）

另一種實驗叫量子糾纏（quantum entanglement）。兩個粒子（近來實驗常用光子）的關連狀態不因它們分開多遠而改變，如果測量其中一個粒子的狀態，另外一個粒子會「瞬間知道」，而顯現出相對應的狀態，好像它們之間空間不存在一樣，愛因斯坦稱之為「令人毛骨悚然的超距作用」。在物理上這稱為非局域（nonlocal）的性質，這顯示了萬物皆為互相關連及互相依存的性質，這也是釋迦牟尼佛開示我們的道理。另外這也表明量子訊息是超時空的，所以這兩個粒子無論已分開多遠，都會有瞬間超空間的感應。

這種實驗在1982年首先被法國人阿斯佩（Alain Aspect）等人做了出來，引起很大的震撼。雖然物理學家早知道有某種幽靈藏在量子力學裡，一當它現身時，免不了還是大吃一驚。物理學家Henry Stapp就說：「時空之外的東西影響了時空之內的東西」。這是很值得紀念的一年，從此以後，科學界傳統的唯物主義已完全站不住腳了。

　　最離奇最不可思議的實驗稱作「延遲選擇（delayed choice）」，這一開始是惠勒所提出來的想像實驗，後來這種實驗有各種不同的版本。最近的實驗是用雷射產生一個光子，再令此光子分裂成兩個光子，以不同的方向在行進，所以這兩個光子是在糾纏狀態。如果我們知道（當然是經由測量）甲粒子的狀態，則同時間乙粒子會顯現相對應的狀態，這在前面已說明過了。而我們要測量甲粒子的狀態可以等到乙粒子的狀態被我們知道後才做，很奇怪的是，乙粒子的狀態永遠跟甲粒子在相對應的狀態，意思就是說好像乙粒子在「事先」就「知道」我們會知道甲粒子的狀態為何。而如果我們將認知到甲粒子時間稱為現在的話，那我們捕捉到乙粒子的行為已經發生過了，這豈不變成現在決定過去了嗎？另一個講法說：「有了現在，過去才發生。」這真的會讓人發瘋。

　　就如同我們在講量子糾纏時說過的，兩個量子好像沒有空間的隔離，在上面的實驗中這兩個光子好像也沒有

時間的隔離，所以說量子訊息是超越時空的，故時空的本質是：它是虛幻的。這個實驗顯示我們的認知會改變結果，這就是一切唯心、萬法唯識的意思。而過去現在未來也沒有真正的間隔，而是我們的意識分出來的，惠勒說：「Human consciousness shapes not only the present but the past as well.」（人類的意識不僅塑造了現在，而且也塑造了過去），這一切聽起來就像是在講佛法。

惠勒這個人很值得一提，他是非常出名的物理學家。他曾跟隨量子論大師波耳從事核物理研究，對核物理有非常大的貢獻。後來他大力發展了愛因斯坦的廣義相對論，1965年獲得「愛因斯坦獎」。他創造了黑洞、蟲洞與量子泡沫這些名稱，諾貝爾物理獎得主費曼（Feymann）就是他的學生。他的宇宙觀稱為「participatory universe」（參與式宇宙），人不是旁觀者，宇宙的過去現在未來都由於人的參與而建立起來的。如果沒有加以「觀察」，宇宙是處於一團渾沌未成形、過去現在未來未分的狀態，一加觀察認知後，宇宙才出現明確的過去與現在的狀態，而我們卻都以為，宇宙看起來就像它一直都存在著，且到目前已存活了137億年，這其實是一種錯覺。像惠勒這樣的觀念就很接近佛經所說的：「心生則種種法生,心滅則種種法滅。」這就是「心法一如」的意思。由於量子物理揭露了「沒有絕對客觀的自然世界」這個事實，所以惠勒與波耳都認為

「觀察者」應改稱為「參與者」。但是根據佛法，一切萬法（一切東西與一切存在的現象）都是我們每個人的心創造出來的，所以觀察者似乎應改稱為「創造者」，這也是「一切唯心」的意思，這是佛法最重要的觀念。

他說早期的物理學認為一切皆粒子，再來認為一切皆能量，後來認為一切皆場（fields），現在則應改稱一切皆信息（information），此種信息就是量子信息，相當於佛教說的「業」。業就像藍圖，大如宇宙，小到一個人，甚至微觀如一個基本粒子，都有其量子訊息，所以業是非常符合科學的講法，竟然有一些佛門中人認為佛教的「業說」不合科學，這種人不懂佛法，也不懂現代科學。奇怪的是，本來屬於外道的科學家現在竟然會變成佛教的好朋友；而身為佛門中人，有些卻變成佛法的敵人而不自知。

量子測量

最後談一下量子力學最基本的問題，也是非常困擾物理學家的問題，即量子測量。上面提過的量子訊息也叫做量子波函數（或機率振幅），可以簡稱為量子態，它代表一個量子系統（例如電子或光子）的所有資訊。很奇妙的是一個量子態可以是很多（甚至是無限多）其他量子態的疊加（superposition）或總和，但是一旦對此量子系統作測

量，一定只出現這些眾多狀態中的一個而已，這稱為波函數的蹋縮（collapse of wave function），那其他狀態為什麼不見了？跑到哪裡去了？有一種解釋稱為多重世界解釋，亦即並沒有不見，而是在做測量時世界分裂成很多平行的各不相知的世界，每一個世界都有一個你，而每個你都得到各自的不同量子態，聽到這個，你的腦筋可能要錯亂掉了。另外一種解釋就是意識造成波函數的蹋縮，也就是量子系統本來具有無限的可能性，但因測量，測量就是去看，就是去認知，才從潛在的世界變成實在的世界，得到一個明確的結果。那如果不去「看」，那到底這個世界是否存在？

愛因斯坦就問過一個問題：「月亮當我們不去看它時，它仍然還在那邊嗎？」有越來越多的科學家認為當你不去「看」時，世界是不存在的，或是以一種我們無法認知的方式存在。這個「看」其實指的是六根對六塵所形成的認知（六根六塵六識的意義在後面「佛法的宇宙觀」會有較詳細的說明），就是佛經說的分別心所生，你的心在什麼狀態，相對應的世界就呈現什麼狀態。佛法所說的根塵識三個是頻率相同的共振關係，其中一個的頻率改變，其他兩個的頻率也相對應的改變，所以沒有一個獨立於我們意識之外的絕對客觀世界。如果西方科學家能夠了解他們所講的意識，就是佛教所說的心，那麼佛法就會給他們

帶來很大的啟示，他們會發現所有這些量子物理的問題，在佛法中都有答案。

不僅物理學家開始認為，要用完全一致性的方式將量子力學闡明，非得引進意識不可，生物學家也開始認為意識（或心）對演化有很大的作用，現在以幾本科學家最近出版的書為例來對此做個說明。

《The Self-Aware Universe（自覺的宇宙）》

阿米特・哥斯瓦米（Amit Goswami）是奧立岡大學理論物理研究所的教授，是一個印度人，在1995年出版了一本書《The Self-Aware Universe（自覺的宇宙）》。有鑑於量子物理學諸多啟示，他揚棄了科學傳統的「一元唯物論」，而採取東方傳統（佛教、印度教）的「一元唯心論」（其實傳統西方哲學所講的唯心論，仍然是二元的唯心論），以意識作為一切存有（being）的基礎，而不是以原子做基礎，發現所有的量子物理的悖論都可以加以解決。

哥斯瓦米是一個很特別的人，他在37歲時經歷了喪失研究經費和離婚雙重打擊，開始認為科學研究不能滿足他對真理的追求，有一陣子就從事坐禪修行，有了不一樣的領悟。後來他再婚了，又開始做科學研究，只是他做科學的方式與方向改變了。他體會到傳統的唯物看法是一條死

胡同，在其中意識只是伴隨現象或次要現象而已。他就把它倒過來，以意識為基礎建構他的宇宙理論，此種理論涵蓋了物理（Physics）與精神或心靈（psyche）。他說「我」與「宇宙」是同一個東西，宇宙的意識是非局部的統一意識，本來是主客未分狀態，他就提出一個機制，從一個「宇宙意識」變成很多個「個人意識」，主體客體就分開了。他有一句令人印象很深刻的話：「The universe is self-aware through us」，意即「宇宙透過我們而自覺」。

《My Big TOE（我的萬有理論）》

　　NASA（美國太空總署）物理學家坎貝爾（Tom Campbell）在2007年出了一本書，書名為My Big TOE，TOE即「Theory of everything」的縮寫，意即「萬有理論」，就是能解釋一切現象的理論，這是物理學家夢寐以求的聖杯，目前有不少人以為超弦理論可能是一種TOE，但它本身還有不少問題不能解決。

　　坎貝爾認為意識是物理最深的根源，一切都從意識開始。由此根源可以推導出一切理論，包括相對論以及量子場論。他認為意識有如電腦，一切現象（包括人生）有如電腦模擬出來的虛擬實境（virtual reality）（這種講法已相當接近佛法了）。他說以意識為基礎可以建構一個萬有

理論，可以解釋自然現象（目前科學可以解釋）及超自然現象（目前科學不能解釋），包括念力及神通這種現象在內。

《Biocentrism（生物中心論）》

在科學界引起最大騷動的是蘭薩（Robert Lanza）博士在2009年發表的《Biocentrism（生物中心論）》一書，他的主張與看法曾被台灣的新聞媒體廣為報導，主要原因是這個人非常有名、非常有成就。他是維克森林大學（Wake Forest University）醫學院的教授，並且是「高等細胞技術」公司的副總裁，對幹細胞的研究是獨步全球。他與其團隊做出了全球首次的幹細胞移植，利用這種技術於視網膜，挽救了不少瀕臨失明的人。這個人才華洋溢，被稱為「科學界的比爾蓋茲」，在2014年被「時代」雜誌選為全球100個最有影響力的人之一，他曾獲得多種獎項，表彰他在細胞研究及生物技術上的貢獻。

他根據量子物理的啟示與他對生物研究的心得，發表他自己的萬有理論（TOE），認為要建構一個統一一切現象的理論，不能基於物理學，而應基於生物學。他說科學家與一般人都認為先有宇宙，慢慢地才演化出生命與人類的意識。他認為應該反過來，先有生命（意識）才有宇

宙，宇宙是根據意識而形成的。他的說法是生命（意識）創造了宇宙，而不是宇宙創造了生命（意識）。

其實他的理論應稱為「意識中心論」比較恰當一點，因為他一直強調的是意識。他的論說所根據的大部分還是量子物理學，而且他引用了許多剛講過的大物理學家（包括波耳、維格納及惠勒等人）的觀點。當他在強調生命時，其實是在強調意識，這跟上面提過的幾位物理學家的看法並無不同，所以他的理論應該說是包含物理學與生物學在內的一種萬有理論（本來萬有理論就應該包括一切生命及非生命現象），所以他說TOE應基於生物學這句話有待商榷，如果說基於意識那就沒問題，因為意識貫穿所有的生命與非生命現象，佛法的唯識論就專門在講這個。如果他主張「意識中心論」，那不就是回到佛法的「一切唯心（識）」了？

嚴格說來，他所提出的不是一個完整的理論體系，他是受到量子物理與宇宙學的啟發，而提出了萬有理論應該有的七個基本原理，簡單介紹如下：（1）我們所知覺到的「實在」，是一個牽涉到意識的過程。所謂一個「外在的」實在，它必須存在於空間，而這是毫無意義的，因為時空不是絕對的實在，而只是我們心中的工具。（2）我們外在的與內在的知覺緊密地糾纏在一起，它們有如銅板的兩面而不能分開。（3）次原子粒子（其實是所有的粒子與

物體）的行為與觀察者在場有緊密的關聯性，如果沒有觀察者在場，它們頂多處於一種未確定的機率波狀態。（4）如果沒有意識，物質處於一種不確定的機率狀態。在意識未發生之前，任何宇宙只能存在於一種機率狀態。（5）只有經由生物中心論，宇宙才是可解說的。宇宙學告訴我們，宇宙為了生命的發生而必須經過精細微調，這只有當生命創造宇宙才講得通，如果反過來認為宇宙創造生命，這就說不通了。（6）時間並不是一個真正存在於感官知覺外的東西，它是我們感知宇宙變化的過程。（7）空間如同時間一樣，並不是一個物體或東西。空間是我們知覺的另一種形式，而不是一個獨立的實體。我們帶著時間空間到處走，好像烏龜帶著殼到處走一樣，所以並沒有一個獨立於生命之外的，在其中可以產生物理事件的絕對自我存在的母體或基質（matrix）。

　　蘭薩博士很多的觀點，都很類似於我在上面所提的幾個物理學家的觀點，所以不是他的獨創，但他說先有生命才有宇宙，而不是先有宇宙後來才創造出生命，這是比較新穎的觀點。他書上有提到一個很有趣的實驗，可以證明一切無我，值得拿來討論一下。

　　他說我們知道五臟六腑都「各自運作」，但我們卻都認為大腦是一個「我」在控制的中心，「我」會下命令，使大腦指揮手腳做各種動作。但實驗顯示，我們的大腦及

心智是「自行運作」，「我在控制」這個想法其實是一個幻覺。最出名的實驗是由1983年，美國的神經生理學家利貝特（Benjamin Libet）所做的實驗，他要求受試者自由「決定」一個時間點舉起左手或右手的手指，並根據一個馬錶來回報該「決定」在自己心中出現的時間，結果他在腦電圖中發現，舉手的「意志」出現的一秒鐘前，大腦就已經出現相關的神經變化。在2008年，利貝特利用更高階的腦波活動，結果顯示實驗人員透過受試者在做動作前出現的神經變化，早在10秒前就可以預測他們將會舉起左手或右手。

所以真相是，大腦在一個下意識的層次做它的決定，而人們在後來才覺得是他自己在做一個有意識的決定。一個人自由意志的感覺其實只是一種大腦活動的習慣性反認而已，這證明佛經說的第七識（自我意識）是一個幻覺，這也驗證了三法印中的「一切無我」。所謂的自我、我，是從我們的認知過程中所反認出來的一個觀念影子而已，是一個錯覺，或說幻覺，其實**沒有一個實體的我在裡面**。這個事實釋迦佛早在二千多年前就已揭露給我們了：「**如來說有我者，則非有我，而凡夫之人以為有我。**」（《金剛經·第25分》）

上面所說的實驗在學術界與一般社會大眾引起相當大的震撼，這似乎代表所謂的「自由意志」根本是個幻覺，如果這樣，那人活著的意義與價值何在？此時佛法再一次

開示我們真相：雖然自我意識是「**假我**」，但有一個永恆的「**真我**」，那就是**真如本性**，也叫**佛性**，也稱為**真心**或**清淨心**。在《楞嚴經》釋迦佛就不厭其煩、循循善誘地開導我們如何去體會（回復）每個人都本來具足的真我（真心），這就是非常出名的「楞嚴七處徵心」。真心是每一個人所有意識最深的地方，宇宙萬法以及我們一切行為都是從此出來的，這才是真正的我，所以我們不可認假為真。佛法一切修行，唯一的目的就是要回復到本來一直都在的這個真我，如果成功了就叫成佛，說起來，成佛不過就是每個人的本分工作而已。**如果我們回到本來的真我，才有真正的自由意志**，那時一切都由得了我了，而現在我們都是「身不由己」。

　　蘭薩博士最有趣的推想是有關於死後的生命問題。他認為生命是永恆的，所謂的永恆不是在時間內的無限期的存續，而是在時間外的，如前面我說過的，量子信息（就是佛法說的業）就是超越時空的，也就是說在時間之外的。他根據物理上的能量不滅原理，加上量子物理的超時空的量子訊息觀念，以及量子測量的多重世界詮釋，他推想出一個人死後，量子信息會在另一個時空現出另一種生命形態出來，這已接近佛教說的死後隨業受報的情形了。

　　但是藍薩博士不知道的是，就像物種會演化一樣，**量子信息（業）也會演化**，而量子訊息是藏在第八識內。

每一個法界都有特定的量子訊息的特徵頻率，所以如果一個人這一世很陰險，那麼他量子信息中最強的部分，其頻率會跟蛇的世界的頻率相同，所以死後可能投胎變成一條蛇，這叫「同類相聚」，這不是哪個神或玉皇大帝或閻羅王處罰他的，這是他的業自己造成的，這就是**隨業受報**的道理，就像**一種物理定律**一樣。

以上討論的是有關佛法根本原則——三法印在科學上的印證，現在要稍為詳細談一下近來在物理學興起的一種新的宇宙觀——**全像宇宙觀**，這種宇宙觀是「局部含藏整體」，並且認為整個宇宙只是由一個更低維的且被編碼在某種全像膠片，所投射出來的三維立體虛像，**也就是說整個宇宙只是一個幻象**，這就是佛經告訴我們的：「**凡所有相皆是虛妄。**」並且這種全像宇宙觀的看法也接近佛法說的「一多圓融」、「一即一切，一切即一」等重要的宇宙實相。

全像宇宙觀（全息宇宙觀）

首先簡單介紹一下全像術（Holography），又稱全息術。1947年英國匈牙利裔物理學家丹尼斯・蓋伯（Dennis Gabor）發明了此技術，因此獲得了1971年的諾貝爾物理獎。在全像攝影中，一束雷射光照射在某一物體上，散射

的光線會記錄在底片上，第二束被稱為參考光的雷射光直接照射在底片上，這兩束光就這樣發生了干涉，產生了看起來隨機的圖案，這就產生了一張全像底片（膠片）。如果我們用另一道與參考光相同的光線去照射底片時，參考光可以在照片上產生繞射，一個三維立體的影像（虛像）就會顯現出來。

　　全像術的原理和一般照相機的原理不同。一般照相機是利用有聚焦效果的鏡頭（凸透鏡或凹面鏡），將物體發出的光線匯聚在底片上成像，所以被攝物上某一點發出的光線只會讓底片上的一個點感光。如果把底片切割的話，那影像就會變得支離破碎。但是全像術的原理完全不同，底片上面某一點所收到的並不僅限於被攝物上某一個點發出來的光，而是被攝物上所有點所發射出來的光。所以全像片的**每一點都包含被攝物全體的資訊**，如果把全像底片剪成很多碎片，每張碎片都可現出原來物體的完整影像，如果把一張碎片再剪成更多小碎片，每張小碎片都還是會顯現原來物體的完整影像，可以這樣一直進行下去，都有同樣結果，只是影像越來越模糊而已。故全像片的一個很小的部分就包含了物體的整體資訊在內。

　　以上說明的全像攝影，顯示了一個很重要的特徵，稱為「**全像原理**」，此原理有兩個要點：第一，**一個三維的物體的虛像，是由資訊被編碼在更低維（二維）的空間的**

某種「全像片」所「投射」出來的；第二，**此種二維的全像片的每一點都包含三維物體的全體資訊。**

對黑洞熱力學性質的研究，顯示了全像原理也適用在黑洞的情況。非常出名的英國物理大師霍金（Stephen Hawking）證明黑洞的熵正比於表面積（而不是體積），「熵」的意思是一個宏觀物體它可能的微觀狀態的總和，亦代表這個物體所有的信息（資訊），所以可以說一個三維物體的內部所有信息完全紀錄在其二維的表面上。由於算出來的熵正比於黑洞的表面積除以普朗克長度的平方（普朗克長度為1.6×10^{-33}公分，它代表人類所能探討的空間距離的極限），這意謂著整個黑洞的信息如同被編碼在其表面積上，而以一個普朗克面積作為一個位元的資訊容量。

這樣的研究成果帶來了非常深遠的影響，而造成量子重力學突破性的發展。二十世紀的物理有兩個主要的理論：相對論和量子論，廣義相對論探討的是宏觀的（大至整個宇宙）的現象，這是專門研究重力的理論，這稱為時空動力學。而量子場論研究的是微觀（小至基本粒子）的現象，這個理論專門研究強力、弱力和電磁力，並將之統一起來，這稱為粒子動力學。可是要將廣義相對論和量子場論整合起來（就變成要將自然界四種力統一起來，有人稱之為萬有理論（Theory of everthing，TOE），就要將重

力量子化，但這個工作非常困難，這種嘗試稱為量子重力論，其中弦論（string theory）是被寄以厚望的理論。在這種理論中，物質的最小單位不是「點」粒子，而是一根一根長度為普朗克長度（1.6×10^{-33}公分）的「弦」，這種弦的振動就造成所謂的基本粒子，也因此造成所有的物質出來，實在很不可思議。

　　但是後來弦論遇到了瓶頸，不能突破。在1993年附近有些頂尖的物理學家（包括場論和粒子物理專家）猜測任何量子重力論都要滿足全像原理，靈感就是來自於上面說的熱力學性質，但在很長一段時間，很少有人對此原理當真。直到1997年，在普林斯頓研究院的理論物理學家馬達西納（Juan Maldacena）利用了全像原理，構造一個宇宙模型：無限薄的振動弦形成全像片（在此世界無重力），而有重力的我們的宇宙是由此全像片投射出來的。所以我們自以為是真實的三維宇宙只不過是被投射出來的虛像，可以說我們的宇宙是一個巨大的幻象。這個大膽的理論提供了一個方法，讓熱門卻仍未經證實的「弦論」立於堅實的基礎上，更解決了量子力學跟愛因斯坦的重力理論之間明顯的不一致。

　　現在以信用卡作比喻來說明全像宇宙論。信用卡上的安全晶片是二維的表面，但當中卻包含所有需要用三維物件來描述的資訊。如同信用卡上的全像圖，可在一個二維

表面上對三維形象進行編碼一樣，我們整個宇宙也是以這樣的方式被編碼。本質上來說，關於某個空間裡某樣東西（例如一隻蝴蝶或一個黑洞）的資訊，可能隱藏在一個扁平的、「真正的宇宙」的某個深處。這是物理學家對全像宇宙所作的比喻和說明。

如果我們以「**宇宙是由弦的振動產生的全像幻影**」來理解上面在物理學的發現，那就非常接近佛法的宇宙觀了。現在的問題是這個「全像片」的本質是什麼？在剛才說的引進全像原理的弦論中，此全像片還是一種更低維的「物理宇宙」，或許是「更真實」，但從佛法的觀點來說，畢竟也是幻化。雖然這些物理的理論還不究竟，但其中揭露的消息非常重要，因為那是宇宙實相（這只有佛法才弄清楚）的一種科學上的隱喻。

從佛法的觀點來看科學發展的趨勢，可以發現佛法和科學有非常有趣和密切的關係：**一方面科學得到的雖不是真正的宇宙實相，但可以說是實相的近似；另一方面雖然科學本身還沒進化到像佛法那麼精確和全面，但可以用它發現的原理來「理解」佛法（因為佛法實在太深），有時候可以作為佛法在某方面的隱喻或譬喻**，剛才說的全像宇宙觀就是一個絕佳的例子。

佛法的宇宙觀基本上是一種全像的宇宙觀，但真正的「全像片」已脫離了時空或物質的概念，所謂的全像片其實

在我們的第八識（阿賴耶識）內，這個世界屬於「無」的世界（在下面要介紹的佛法宇宙觀中會有詳細說明）。目前物理的全像宇宙論認為這個「全像片」是在「**更低維**」（二維）的宇宙中，但佛法認為真正的全像片是在「**更深層**」的世界，就是在每個人的第八識內，而那是一種看不到的世界，是精神、意識、記憶等的世界，也是佛法所說的「業」的世界。**其實「宇宙的業」就是宇宙的全像片，而會照出全像影像的雷射光，就是真如本性的光明。**

在這裡要順便談一下物理的進展如何趨向於佛法。狹義相對論告訴我們時間與空間不可分開，能量質量不異；廣義相對論（愛因斯坦重力理論）告訴我們時空物三者不能分離，量子論告訴我們波動與粒子是一體的兩面（波粒二象性），粒子是場振動量化的結果。作為量子重力論的弦論告訴我們，小至基本粒子大至整個宇宙都是一根一根極其微細的弦（長度大約為10^{-33}公分）振動所產生的，如果我們把它理解為「一切相都是波動的影子」，就跟佛法說的完全一樣。

上面也討論了在量子物理中，意識是一個關鍵的要素，所以主觀客觀不可分開。從物理的進展，我們得到的啟示是，時間空間物質不可分開，主觀客觀不可分開。佛法更進一步告訴我們精神（意識）與物質一如，其實**時空物與意識都是同一個東西，它們的本質和來源完全相同，**

這個道理目前科學還不知道。

佛法說心物不能分開，物即心，心即物。物理學的弦論所說的弦，介於心與物之間，也可說是心亦是物。弦論說宇宙萬有是弦振動所產生的，這實在具有非常豐富和深刻的意象。其實此種弦都在每個人內心深處，類似弦論的講法，我們可以說一切萬有都是我們**心弦**振動的影子，這樣的講法就變成佛法。

以上討論的全像宇宙觀是來自於目前物理最前沿的理論。其實有很多大家都知道的常識都是全像的例子：我們的身體由幾十兆細胞組成，而每一個細胞內都有遺傳基因DNA，它就貯藏建構全身體的一切訊息，這就是一種全像現象。一個樹的種子就包藏所有這棵樹的信息，所以才會長出一棵完整的樹木。還有現在流行的碎形幾何，也具有部分包藏整體的性質。

現在補充說明一下全像宇宙觀最早也是最重要的提倡者和全像理論目前的應用。

大衛・玻姆（David Joseph Bohm, 1917-1992）被稱為「全像宇宙觀之父」，是二十世紀最偉大的量子物理學家及科學思想家之一，他不僅在主流物理研究中做出了獨特的貢獻，而且提出了「量子理論的本體論詮釋」（ontological interpretation of quantum theory），對於以波耳為首的哥本哈根學派的量子力學主流正統觀點提出了挑戰，

而且也得到了愛因斯坦的認同與鼓勵。他獨創的本體論量子力學，引進了「量子勢（quantum potential）」的觀念，可以解釋為信息場，如同雷達波指引飛機的飛行一樣，它決定粒子如何運動。量子勢取決於整個宇宙中所有曾與這個粒子作用過的東西，包括觀察者的影響，因此觀察者和被觀察對象密不可分。它發揮的作用是超越時空的，或說能夠同時作用於過去和未來，所以是非局域的（nonlocal）或稱為全域（global）。粒子通過這個量子勢和整個宇宙聯繫在一起。

他的這套理論可以解釋前面說過的神秘的量子糾纏現象和波粒二象性的本質，這種量子勢的信息場和佛法說的業的作用一樣。因為這個信息場是與整個宇宙密切相關，所以玻姆就認為整個宇宙是個完整的整體。我們都以為事物都是各自獨立存在，其實是個幻覺。玻姆相信基本粒子不管分開多遠，都能夠彼此保持聯繫，這不是因為它們之間來回發射著某種神秘的信號，**而是因為它們的分離是一種幻象**。他說在現實的**某種較深的層次**中（玻姆稱之為隱秩序的世界，這就是佛教說的八識，在「無」的世界），這些粒子都在一起不可分離。這種一切東西（整個宇宙）都是不可分開的整體觀，在他1980年所出的一本書《Wholeness and the Implicate Order（整體性和隱秩序理論）》中表達得非常清楚，這是一本非常重要的著作，在

此無法做詳細介紹。

　　玻姆注重實相的整體性、過程性及連續性，反對其片斷性、機械性和孤立性（這是一般科學家的偏執）。他將整體視為一個非靜止的、運動的、無終結的過程，以這個觀點針對宇宙、時空、運動、意識等重要的哲學議題進行獨特的探討。他認為物理世界的最終本質不是像主流科學描繪的那些相互分離的基本粒子或更小的夸克或弦，而是一個不可分割的整體。這個整體處於一種永不停息地流動變化的狀態，像是不可見且瀰漫於虛空的以太（亞里斯多德的第五元素），一切都從中產生，而又最終消歸其中，就像水中的漩渦和流水之間的關係一樣，這樣的概念類似於《華嚴經》所揭示的道理：「**一切皆從法界流，一切還歸於法界。**」在這種永恆的流動當中，物質和精神不過是整體性運動的一體兩面，玻姆將這種運動或流動稱為「Holomovement」（全像運動或整體運動）。

　　玻姆曾和印度開悟的修行者兼哲學家克里希那穆提（Krishnamurti）交往十幾年，也和達賴喇嘛有過對話。這些對話與思想交流使玻姆認識到思想的局限性和事物的整體性，體會到超越思想的永恆純粹覺知（pure awareness）是一切真正智慧及創造性的泉源。這些影響都反映在玻姆的理論中，可以說他的理論受到印度哲學和佛教思想很大的影響。他將西方科學與東方哲學融合在一起，使得他的科

學理論具有深厚的哲學和形而上學意義,同時又有嚴謹的科學基礎,這是很不容易的事情。

上面已說過,佛法的宇宙觀基本上就是一種全像的宇宙觀,而佛經的「因陀羅網,顆顆相照,珠珠相含」的說法就類似於全像宇宙的概念。另外還有《楞嚴經》中的「於一毛端,現寶王剎。」以及《大方廣佛華嚴經疏》說的「一一微塵中,各現無邊剎海;剎海之中,復有微塵;彼諸微塵內,復有剎海;如是重重,不可窮盡。」這都是一種全像宇宙觀。

全像式模型理論的應用

上面介紹的是物理上的全像理論。其他像大腦研究的領域,也受到全像論的影響。近幾十年來,許多研究顯示,記憶的儲存不是單獨地限於特定的區域,而是分散於整個腦部,可是沒有人能提出一套理論來解釋這種奇怪的「整體存在於每一部分」的記憶儲存本質。到了1960年代,研究腦部如何儲存記憶的史坦福大學的腦神經學家卡爾·普利貝拉姆(Karl Pribram)教授接觸到全像理論,終於發現了腦神經科學家一直在尋找的解釋。他和玻姆合作,發展出一個全像大腦模型(holomic brain model),認為記憶不是記錄在腦神經細胞中,或一群細胞中,而是以神經脈衝的圖

案橫跨整個腦部，就像雷射繞射的圖案遍布整個全像攝影的底片上。換句話說，大腦本身就是一個全像攝影片。

全像式模型理論也受到其他科學領域的注意和引用。斯坦尼斯拉夫・格羅夫（Stanislavsky Grof）博士曾經是馬里蘭心理研究中心的主任及霍普金斯大學醫學院心理學系助理教授，目前是加州綜合研究所（California Institute of Integral Studies CIIS）的心理學教授。他相信全像式模型理論可以解釋心理學上許多的不解之謎，包括可以用來理解許多人在知覺轉換狀態（altered states of consciousness）中會經驗到的怪異現象，例如靈魂出體，或預見未來，或倒退回前世的回憶等現象。這些經驗都有共同的特徵：**個體的意識經由昇華而超越了平常自我的界限或時空的限制**，格羅夫稱此現象為「**超個人經驗**」（transpersonal experiences），他與其他幾個人共同發展出「超個人心理學」（等一下還會加以介紹）。

雖然超個人心理學儼然成為心理學領域內的新興勢力，並得到了專業學者的支持，但是幾十年來格羅夫博士都無法提供一個理論體系來解釋他們所看到的奇異心理現象，直到他認識了全像式模型理論。由於全像理論的啟示，格羅夫認為：「心靈是一個整體的一部分，這個整體就像一個巨大的迷宮，不僅連接一切心靈，包括過去、現在、未來，同時也連接一切原子，一切生物，及無限的時

空，那麼心靈偶爾會涉足於這個迷宮中，產生超個人的經驗，就似乎不足為奇了。」

另外維吉尼亞州山間學院（Intermont College）的心理學家基思・弗洛伊德（Kieth Floyd）指出：「如果現實世界只是一個全像式的幻象，那就不能再說大腦產生意識，而是**意識創造了大腦和身體**，以及環繞著我們四周的一切，被我們當成實有的世界，都是意識所創造的。」這些觀點就是佛教所說的「**三界唯心，萬法唯識**」。

以上說明了全像的宇宙觀。所以科學家已發現小至基本粒子、我們的身體，大至整個宇宙都是全像的示現，這裡面蘊含著一多圓融、一切如幻、一切唯心等道理，其實都是佛法早就開示過的宇宙實相。

無始無終的宇宙觀

另外還有一種值得一提的無始無終的宇宙觀，那是上面提過的英國物理大師霍金（Stephen Hawking）提出來的，他是黑洞物理與量子宇宙學最傑出的專家。在用量子論探討宇宙時，他利用沒有邊界的邊界條件來構造宇宙波函數，所得的宇宙圖像是無始無終的，他認為時間可能是個幻覺，就像佛經講的一樣。他的學說可以用下圖說明，現在詳細解釋如下：

霍金不生不滅的宇宙觀

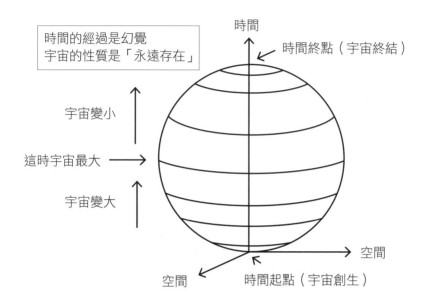

時間的經過是幻覺
宇宙的性質是「永遠存在」

時間

時間終點（宇宙終結）

宇宙變小

這時宇宙最大

宇宙變大

空間

空間

時間起點（宇宙創生）

　　這是一個三維（向度）的宇宙圖，橫座標是二維空間，縱座標是時間。其實空間有三維，加上一維時間，所以真正的圖應是四維，不僅畫不出來，人類的腦筋也無從想像，只能用抽象的數學來加以描述。為了容易了解，現把空間視為二維，加上一維時間，變成一個三維立體圖形，就很好瞭解了。

　　時間有一個起點，這是宇宙的開端，就是如圖的座標原點。這個圖如同地球形狀，所以用地球的球面來做比喻，將有助於了解霍金的宇宙觀。座標的原點相當於南極，這一點是時間的起點，此時宇宙的大小是零。往上走

（即沿著時間方向），可見宇宙在膨脹，其大小為緯線圍起來的範圍（可以想像有一個平面將地球橫切成一個一個的圓，這個圓就是緯線的周界，這代表宇宙的大小）。時間往前進時，此橫切圓越來越大，代表宇宙在膨脹當中。當時間到達橫切圓最大時（即赤道位置），此時宇宙的膨脹到達極限，也就是宇宙此時最大。接下去，可見橫切圓越來越小，代表宇宙在收縮，即宇宙越來越小。到了北極那一點，宇宙縮成一點，這就是宇宙的終結，也是時間的終點。

　　所以如果有時間的觀念的話，宇宙就有一個演變的過程（佛經叫成住壞空），即有開始，也有終結，變成有始有終。如果你沿著「時間軸」方向看過去，宇宙就有始有終。但是如果你把「視線」收回來，那就發現「整個宇宙」，包括過去與未來，全部都在「這裡」，這就是佛經說的「**同時炳現**」。其實三世十方都在每個人的一念之中，因為有自我意識才生分別，《華嚴經》有一段話開示這個道理：「**三世一切說，菩薩分別知；過去是未來，未來是過去，顯在是去來，菩薩悉了知。如是無量世，覺悟相不同，方便究竟行，具足諸佛智。**」

　　從純物理和數學的觀點來說，宇宙的起點和終點不是奇點（singularity），這個意思就是說，在整個地球平滑的表面上，南極（代表宇宙的開端，時間的起點）與北

極（代表宇宙的終結，時間的終點）不是特殊的兩點，它們與球面上任一點的地位皆相同。所以整個宇宙是無始無終，不生不滅，這就是佛經所說的「**三千大千世界的建立與消滅是同時**」的意思，這也是《法華經》說的「**法住法位，世間相常住**」的意思。這種量子宇宙學的學說是目前為止，佛法宇宙觀的最佳註解。（附記：目前的觀測認為宇宙正加速膨脹，所以大家在猜測可能宇宙永遠膨脹下去，而到最後一般的時間觀念也喪失了意義。無論如何，如同霍金的想法，在一個更深的超時間層次，宇宙還是無始無終，不生不滅。這就佛法說的**海印三昧**的境界。）

以上主要是講物理學的情況，現在談一下生物學的新發展。

生物學革命——信念生物學

1988年內科醫生兼分子生物學家凱恩斯（John Cairns）等人在《自然》發表了一篇重要的論文，開啟了一場新的生物學革命。他們發現基因不像傳統教科書所說的是隨機的突變，而是可以做「適應性突變」，會配合環境的變化而突變，這個重大發現造成了生物學的革命，導致了新的學科——表觀遺傳學（epigenetics）的誕生。

立頓（Bruce H.Lipton）博士是這個新興生物學領域的

佼佼者，他是一個細胞生物學家，曾任教於威斯康辛大學醫學院，在1987到1992年間在史丹佛大學做研究，獲得突破性的成就。他發現細胞膜相當於細胞的大腦，而四周環境經由細胞膜可以控制細胞的生理行為，進而改變基因。傳統生物學以為基因控制我們的身體，他的發現顛覆了傳統，我們不再是基因的奴隸了。**他發現細胞對環境的「知覺」會造成基因的改變，這個知覺是細胞對環境的解讀造成的**，這個解讀可能是對的也可能是錯的，但就由於這樣的認知，造成「**啟動何種基因、關閉何種基因或甚至改變基因**」的結果。這給了他一個很重大的啟示：不同的認知造成不同的影響。所以他的結論是**你相信什麼，或說你的信念，會造成你的基因改變，也會改變我們身體的一切**，所以心身沒有嚴格的界線了，這再一次證明佛法說的一切唯心是顛撲不破的永恆的真理。

　　立頓博士一直強調我們不是基因的奴隸，以癌症為例，其實有95%的癌症跟遺傳無關，所以可能是來自外在環境（例如飲食、空氣與水等外在物質），也可能來自內在的環境（情緒想法等精神因素），但他可能不知道難治癒的癌症及其他怪病等是來自於業報。我們都知道身體裡有致癌基因，受到內外環境的影響就會啟動這個基因而罹癌，但有一種影響是來自另一個量子訊息（即前世的冤親債主），他啟動了這個基因而造成了癌症，這種致癌機

制，是透過超時空的量子訊息來影響基因，是目前科學家還不清楚的事情，更不要說一般的醫生了。

從1982年起，立頓博士就開始思考量子物理的原理如何跟他的細胞研究結合，來理解細胞如何傳送訊息。跟上面提過的幾位科學家一樣，量子物理給他帶來了很大的啟示。他在2007年出了一本書《The Biology of Belief（信念生物學）》，宣揚「**信念可以改變身體**」的理念，如上所說，這是他從細胞研究所得的結論。這個結論也徹底改變了他的人生觀，自己也身體力行，相信有善念做好事，對身體會帶來好的影響，就用這套想法改善自己的身體狀況與提升個人的生活境界。立頓博士發現新物理學與新生物學的一些結論，與古老的心靈修持傳統不謀而合。目前他到世界各地去宣揚他書中的理念，就像一位傳播福音的傳教士一樣。

談完了自然科學與生物學，最後談一下心理學的新發展。

心理學革命——超個人心理學

超個人心理學在心理學上是精神分析、行為學派與人本心理學派之外的第四勢力，是心理學的一個新的典範。長期在台灣教書的加拿大籍李安德教授在1992年寫了一本書

《超個人心理學》，對此新興的心理學有詳細和精闢的介紹。精神分析學派（代表性人物佛洛依德Freud）與行為學派（代表性人物華生Watson）盛行於十九世紀中葉到二十世紀中葉，受到十九世紀自然科學中唯物機械觀及化約主義（reductionism）的影響，他們硬把心理學從哲學中脫離出來而投入自然科學，使得心理學家變成唯物的科學家，將傳統的科學唯物主義套在人身上（其實在二十世紀初量子物理誕生後這種唯物觀已不成立了）。他們把人當作「只不過」是動物或機器或電腦，完全受制於本能／基因／制約／環境，而毫無自主力，在其中自由意志、靈性、精神、意識、創造力等等完全不存在。

二十世紀初的許多偉大的物理學家，像愛因斯坦、海森堡、原子彈之父歐本海默等人，都對這種運用已過時的唯物機械觀的心理學做出了強烈的批判，因為這些心理學派對人性棄之不顧，雖然他們在心理治療和行為治療方面有不可否認的貢獻。漸漸地，教育學家、哲學家、神學家、社會工作者以及各行各業的學者，不斷地批評這些唯物化約論的心理學派消極、歪曲、斷章取義的論調。這非人化的心理學派激起了普遍不滿，終於在1950年代產生了第三勢力——人本心理學，主要代表人物是馬斯洛（Maslow）與羅吉斯（Rogers）。

人本心理學強調人的基本特性，即人的主體性、自

主性與自我感，「自我」乃是人本心理學的核心。這個學派強調人性尊嚴、想像力、創造力、價值、情緒與感受等等，人不再是動物或機器，開始把人當作人來看待，回歸人性經驗。人本心理學一再強調心理學不能借用自然科學的研究方法，而要建立一套自己的方法論。此種心理學是「自發性」的心理學，而不是先前的「反應式」心理學，較能呈現人類經驗的全貌，回復人的真實面目。

然而這原本是健康的人本觀念因大眾化而逐漸受到扭曲誤解，逐漸產生負面的影響。許多人把自己看得比什麼都重要，而變成不健康的自我中心，使得「自愛變成自私，自由變成不負責任，自我肯定變成不顧他人，自我接受變成自我放縱」，使得人本心理學所倡導的「自我價值肯定」和「自我實現」被扭曲，而與馬斯洛等學者原先所揭櫫的人格健康成長的理念背道而馳。因此，從1960年代開始，馬斯洛、羅吉斯等一批學者開始反省人本心理學之不足，再加上下列的歷史文化背景，終於發展出**超個人心理學**：存在主義的引進；迷幻藥的使用產生了許多超個人經驗，其中相關的知覺轉變現象原來的心理學已無法解釋；東方文化的影響（特別是佛教／禪宗、瑜伽以及老莊思想）；量子物理學帶來的啟示，證明意識是宇宙的一個根本元素，並且機械唯物觀已無立足之地。

超個人心理學認為人除了有生理、情緒與理性三個層

面外，還有靈性（超理性或超越性）的層面，這是智慧、慈悲、正義、美善、無私奉獻等超個人特質的泉源。

　　有關人的精神需求，有一段很精彩的描述，來自於佛光大學陳玉璽教授的論文《超個人心理學意識研究對佛教佛性觀的啟發——兼論「批判佛教」反佛性論的學理詮釋問題》（發表於《新世紀宗教研究》第三卷第二期2004年12月），值得引述如下：

　　「人的精神需求並不止於安全感、愛和自我價值的肯定等等個人取向的範圍，更重要的是，人需要超越狹隘的『自我』界限去追尋生命的價值和意義，去實現對他人、群體、社會、生態環境乃至對宇宙等『更大整體』的關懷；去幫助弱勢者和苦難者、奉獻社會或為公益事業及其他崇高理念和志業獻身；去從事靈性修持，開發生命覺醒的慈悲與智慧，或體驗個人與眾生萬物一體的『超個人』意識境界，等等。總而言之，馬斯洛等人發現每個人都具有『超個人』的精神需求。」

　　如果不能滿足這種需求，馬斯洛認為我們會生病、會變得殘暴、空虛、無望或冷漠，甚至會醞釀成靈魂之病。他說：「靈性生活是存在本質的一部分，也是人性的界定特質，人性缺少了它便不再是完整的人性，它是真我、自我認同、內在核心及圓滿人生的一部分。」

　　這裡要強調的是，超個人心理學所講的靈性（spirit），

並沒有宗教意涵在內，但是在英文語言，他們不得已只能用這個傳統的字眼，難怪常會被誤解為跟宗教有關。如果用佛教名稱，可以用「**覺性**」，那就更好了。

超個人心理學是心理學的哥白尼革命。哥白尼之前的宇宙觀是以地球為中心，哥白尼後，變成了以太陽為中心。在心理學情形亦相同，強調自我的心理學是以「自我」為中心，而超個人心理學變成以「**宇宙**」為中心。這種心理學最大的貢獻是指出自我是「屬於大我的一部分」，這個大我在不同的文化中被賦予不同的名稱：宇宙我、上帝、道、婆羅門、天⋯⋯等等。每個人的自我並不是獨立不相關的，而是相依共存的宇宙大網絡的一部分，與一個更大的整體（大我）密不可分。正如一口口的水井在表面上各自分離，如果我們向下深入井的源頭，就會發現井底的泉水匯成一個整體。所以如果越深入每個人的心靈，會發現與宇宙的聯繫越深。小我其實是更大的大我的一部分，而每個人都有回歸這個大我的原初渴望，這就像佛教所說的：「每個人都有菩提種子，都會發菩提心。」

超個人心理學也提出「真我」這個概念，有別於小我這個假我。假我來自於錯誤的自我觀念或自我形象的認同，而真我是能認知能感覺的主體，那是永遠不變的，我們應認同這個真我而不要去認同假我（小我），這種講法已接近佛法了。在如何體會真我方面，他們甚至引進禪宗

的修行方法，把自己的心當作一面明鏡，能顯現萬物而無執著。人本心理學主張「自我實現」（self-actualization），超個人心理學主張還要自我超越，最後達到「真我實現」（Self-realization），才是真正健全圓滿的人格成長，這樣的主張跟佛教類似，可見超個人心理學受到佛教很大的影響。

超個人心理學提出真我、大我和高層潛意識這些名稱，都只是一些概念，且有時把真我與大我混為一談。他們可能不知道，在佛教而言，**真正的真我（真心）遍滿虛空**，這是佛性／法性（真如本性），**有情無情皆具備**，不是他們認為的只有人才有。而且要達到真我，一定要把業淨化。惑業苦的道理如果不知道，那要達到真我只是學問式的紙上談兵而已。超個人心理學家最好去詳細研究佛法的唯識論，就會獲得很多啟示，就會知道高層潛意識在阿賴耶識和阿梨耶識，真我是菴摩羅識（這些名稱的詳細意義將在後面的佛法宇宙觀中說明）。

由上面的說明可知，現在科學家已開始知道我們的心（意識）與業（量子信息）在了解一切現象，具有關鍵性的作用，甚至宇宙的創造都跟我們的心（意識）有關，可以說經過了幾百年後**科學家已慢慢摸到佛法大門的邊了**。像上面提到的「生物中心論」，事實上就是「生物的意識中心論」，又如剛才說的「信念生物學」，像這樣的新的

生物學似乎變成「唯心生物學」了；而前面提過的一些物理大師，一直強調意識在構成萬有理論時具有關鍵性的地位，這樣一來，物理似乎趨向於「唯心物理學了」，所以科學的走向是趨於「唯心科學」，所以走向佛法是必然的趨勢。

　　他們已開始了解要找到夢寐以求的聖杯——萬有理論，意識一定是一個主要的成分，如此一來就必須走向佛法。因為他們所理解的意識還是很模糊的，只知道意識、潛（下）意識以及無意識，而只有佛法才能精確且全面的剖析意識的構造。在佛法，意識分成十種，最深的意識就是第十識，這就是白淨識（梵語稱菴摩羅識），就是佛性，也叫法性，亦即宇宙能力本體。第九識（梵語稱阿黎耶識）是十法界共同的記憶，第八識（梵語稱阿賴耶識）是一個法界的記憶。八識又有四分（相分、見分、自證分，證自證分），其中相分又分成內色（我們的身體）及外色（山河大地自然界），這是佛教的唯識論（也可以說是佛法意識科學），在下面佛教「唯識的宇宙觀」中，會再作說明。所以一切都是我們八識做出來的一場夢而已，如果科學家要基於意識建構他們的萬有理論，他們會發現那就是佛法的唯識論。另外科學家如果要知道宇宙是如何發生的（佛教稱為緣起觀），那佛教早有一套完備的說法，根據不同的立場，可以分成七種緣起：業感緣起、真

如緣起、法界緣起、六大緣起、淨業緣起及一心緣起。

幾百年來科學的傳統是以「**向外求**」的方式去尋求自然界的真理，現在他們發現意識在了解宇宙真相至關緊要，所以他們發現要**倒轉方向「往內找」**了。其實佛法的宇宙觀是「實證宇宙學」，要知道宇宙真相一定要入禪定，才可以得到實證，用六識去想完全是沒有辦法的。所以如果以後的科學家都用禪定的方式來探討宇宙真理，那應該是不足為奇了。

如同愛因斯坦說的「**佛教是未來的宗教**」，我們現在也可以說「**佛法是未來的科學**」，或者說佛法是「**永遠走在已知科學前面的最尖端的科學**」，換一個講法，可以說「**佛法是科學的終極典範**」。

佛法真面目
——宇宙人生永恆的真理

　　現在要開始介紹佛法大要。前言所說的是專門強調佛法的科學內涵，但這只不過是佛法的一個面向，還不是佛法的全貌。世人對佛教的看法，一般都認為是宗教，也有學者將之視為哲學，而且是印度哲學中最高的哲學，也有人專門去研究佛教文學、佛教藝術。其實佛法（佛教）不是科學、不是宗教、哲學、藝術和文學，但又包含這些人類文化全部的內容，如果硬要將佛法劃入人類文化的範疇中，那可以稱為「最尖端的科學」、「最高的哲學」（如前言所說的羅素的推崇）及「最平等的宇宙性宗教」（如前言提到的愛因斯坦的推崇），也可以用「佛法是一切人類文化的根本」（或文化之母）來形容佛法，這才是佛法（佛教）的真面目。

　　一般而言，有二種人特別想去追求佛法：一種人是感受到或見到人世間各式各樣的苦（包括生老病死）及煩惱，想要脫離這些苦和煩惱；另一種人是想去追求一個永恆的宇宙人生真理，但在人間的各種學問中（包括哲學、科學）找不到這種真理，本人忝為後者。

　　這就是佛法。佛法一方面是解脫之道，可以消災解

厄，離苦得樂，所以佛法具有宗教的內容；另一方面也是宇宙人生的真理，所以佛法具有科學和哲學的內容。這是佛法意義的雙重性，宇宙人生的真理是體，解脫之道是用。其實體用不二，體用一如，這是佛法最殊勝的地方。一般的學問（如哲學、科學）再怎麼精通，都不能用來解脫人生的苦和煩惱（有時還會適得其反），但是一旦佛法通達（或稱徹悟），一切苦和煩惱同時一併解除。聽起來好像不可思議，然而這就是佛法的本色。可以說直到釋迦牟尼佛降臨世間，亙古長夜才終獲光明普照。

佛法不是學問，不是宗教，但是佛法又包含它們，這是佛法的特色，也是一般人不能理解且最容易產生誤解的地方。所以我們都稱之為「佛法」，而不叫「佛學」——避免被誤會為學問，或「佛教」——避免被誤會為宗教。常有人以為佛法是學問、宗教或神祕主義，都出於誤解。更有人以為佛法是迷信，這完全是出於無知。

佛法一方面深不可測，連最先進的科學都摸不到佛法的邊；另一方面又平凡到吃飯、睡覺、行住坐臥無非是佛法，這也是佛法的另一特色。

人類文化活動的內容有宗教、文學、藝術、哲學和科學等。欲親近佛法的人皆出於不同的動機和需求：有出於宗教因素者，想要尋求心靈的寄託或消災解厄，或西洋人所說的靈魂的拯救（救贖）；有出於文學、藝術因素

者，欲暫時脫離凡塵的羈絆；有出於科學、哲學因素者，欲求永恆的宇宙人生真理，此皆出於人類靈性、感性與理性的需求，佛法確實可以滿足這些需求，可是佛法不僅只此而已。佛法縱有宗教的內涵，如佛、菩薩確實可以尋聲救苦，但是佛法畢竟不是宗教；佛法縱有文學、藝術的內涵，因為佛經充滿甚多豐富的情節、意象與美的材料，但是佛法畢竟不是文學、藝術；佛法縱有科學、哲學的內涵，如時空與物質的性質及起源，只有佛法才完全弄清楚，但是佛法畢竟不是科學、哲學。因為人類的一切文化都是根據人的習性，以自我意識為中心所建立的，而佛法真理是完全不預設立場，人與大宇宙完全沒有分開當中所開發出來的，故為宇宙的真理。

佛法與人類文化的關係可以分成三個層面來加以討論。

一、如上所說，佛法不是宗教、科學、哲學、文學、藝術等，但是又有宗教、科學、哲學、文學、藝術等的內涵（contents）、性質（qualities），或面向（aspects）。所以不同的人會各取所需，體會到不同的內容，而產生佛教的宗教、佛教文學、佛教藝術、佛教哲學等等。

如果用大家最熟悉的大象來比喻，佛法若為大象，眾生則比喻為一群瞎子，瞎子在摸象時，摸到大腿的人會說那是大柱子，摸到鼻子的人會說那是長管子等等。但是大

象不是大柱子，也不是長管子等等。

再把佛法比喻為一個光明的球體，人類因其習性，要觀察此光體，一定要用某種框架來觀察，所以會投射出不同形狀的影子。用宗教的框架，則投射出宗教的影子（宗教的內容），科學、哲學、文學、藝術亦復如是。

二、真正的佛法是不可言說的，所謂「聲前一句」即此意義。但為了使眾生能夠了解，故順應眾生的習氣，在表現與探討佛法時，用各種不同的方式或途徑。探討某種真理時，所用的途徑或方法在科學上稱為approach，故可以有科學的approach，哲學的approach，宗教的approach等。在目前科學昌明的時代，用科學來闡揚佛法有其必要性與方便性。在以前科學未發達的時代，要說明佛法實在非常困難。

在此要鄭重說明的是，佛法的產生完全是來自禪定。宇宙的真相只有跟宇宙同體時才一清二楚，這要靠禪定才有辦法。而世間一切學問，是在把人與宇宙分開後，把宇宙當研究對象，利用人的第六意識所開發出來的，並不能真正得到宇宙真相，這頂多是宇宙模糊的影子而已，這是佛法有別於世間一切學問的地方。我們可以用科學或哲學的語言來表達佛法，但這只是方便去了解而已，真正的佛法是要用「悟」的，要用到我們更深層的意識，下面在講到人類意識構造時，會有較深入的說明。

三、佛法雖然不是宗教、科學、哲學、文學與藝術，但是又可以說是宗教、科學、哲學、文學、藝術等最圓滿究竟的形式。例如：宗教提倡的慈悲心，只有在成佛時才達到最圓滿的地步；而哲學追求智慧，但是最究竟圓滿的智慧只有成佛才能得到；科學想要追求宇宙自然界的真理，而只有佛法才是宇宙人生永恆的真理。筆者作為一個物理學者，對此有特別的感受，認為所有科學家夢寐以求的真理，到最後只有佛法才能提供。文學藝術的功用在於使人類忘記人間的苦，獲得心靈的安寧與喜悅，但是徹底的安祥與寧靜只有成佛才可以得到，此謂之涅槃狀態。

由以上的討論，可以明瞭佛法與人類文化的關係。如果文化是一棵大樹，宗教、科學、哲學、文學與藝術為其分枝，則佛法就是此棵大樹的「根」，有了佛法才使一切文化活動，獲得永無止境向上提昇的動力與方向。

佛法大要

　　現在開始介紹佛法的大要，分成五章：「佛法根本原理」、「佛法的宇宙觀」、「佛法的人生觀／生命觀」、「佛法的修行」與「佛法是人類文化之母」。

壹、佛法根本原理——三法印

如果將佛法比喻為一個寶鼎，則三法印就是此鼎的三足，可見其重要性。三法印是佛法根本原理，三法印也是宇宙及一切事物的基本原理，同時也是宇宙間最徹底的性質。筆者認為所有科學、哲學的任何一門學科都應奉之為圭臬。例如，以後物理的教科書，在一開始時就可以先講三法印，因為它們是原理中的原理。物理學有能量守恆、角動量守恆、電荷守恆等原理，三法印比這些還更基本。

本來在大乘佛經裡，三法印是：諸行無常、諸法無我、涅槃寂靜。如果用現代語言來說明，諸行無常就是一切在動，諸法無我就是一切無我，涅槃寂靜就是一切皆空。如前所說，三法印最奇妙的地方就是一即是三，三即是一，一個成立，另兩個就成立，例如一切在動，則必然一切無我、一切皆空。一切皆空則必然一切在動、一切無我等等。從三法印又可以演繹出一切如幻、一切唯心、一切如意出來，合稱為六原則。

現在以物理學之觀點來加以說明。

一、一切在動（諸行無常）

「無常」在一般人的印象中，有一種感慨、無奈的感覺，例如常聽人說「世事無常」，其實也有這樣的意義，但是最重要的意義是一切在動，在變化，沒有固定。

先從科學說起。一切東西都在運動，整個宇宙在動，宇宙中所有的東西也動，基本粒子也動。現在宇宙學已經證明宇宙是無中生有，而且到目前還一直在膨脹中，靜態的宇宙觀已經被證明是不對的（愛因斯坦以及很多科學家在早期也犯了這個錯誤）。

也許有人會說，如果杯子靜立於桌子上就是「不動」的，怎麼可以說一切必定在動？這可以用天文學和物理學的觀念來解釋。首先根據天文學，地球其實像一艘太空船，以每秒30公里的速度環繞太陽運動，而太陽又環繞本銀河系中心運動，速度為每秒240公里。可以說一切東西都在相對運動當中，而所謂「絕對靜止」是不能成立的^{（註）}。而物理學的觀點更深刻，那就是「靜相」也是動相的一種狀態。以靜止不動的茶杯為例，由表面看起來，好像有一個不動的杯子的相在那，但是深入觀察，杯子是由原子、分子所構成，而這些粒子絕非靜止不動，而是以很大的速度作交互作用。例如氫原子內的電子就以光速的百分之一速度（即每秒3000公里）在氫原子核（質子）附近運動。簡單

地說，要維持杯子的存在（即使此杯子靜止不動），必須要靠其內部組成粒子間的交互作用才能成立。而「交互作用」就要不停的動，所以無論如何，一切都是「動」中的某種狀態。

（註：「絕對靜止」的觀念出自牛頓，而受到愛因斯坦與哲學家馬赫的批判，馬赫對愛因斯坦有很大的影響。物質「慣性」（inertia）（慣性程度的大小就是我們所說的質量）的來源，牛頓認為來自「絕對靜止座標系」，而馬赫認為來自相對運動。）

宇宙運動的二重性

如上所說，一切東西都在作運動，而這些運動都是在時空中產生的，並且必然是相對於某個時空座標而發生意義的，所以可以稱作「相對動」。奇妙的是，即使是沒有任何東西在裡面，也沒有時空的宇宙本體（稱為「真如本性」，下當詳述）也是在動，此時要稱做「絕對動」，因為這種動沒有方向，沒有軸心，而只有一個中心，但此中心也沒有固定的位置。此種動無法思議，因為這是沒有時空當中，沒有任何東西在裡面的動。就物理觀點而言，如果沒有時空，那就無法定義運動，所以這是無法想像的動，只能在禪定中去體會。而現象世界是相對動，已經有

時空了，此種動造成生滅，而絕對動乃是不生不滅。其實**這兩種動是一體的兩面，而互為因果**，至於如何從絕對動產生相對動而發生宇宙萬法，下面在介紹佛法宇宙觀時會有進一步的說明。這是宇宙運動最不可思議的「二重性」（duality）的性質，佛法常說「不二法門」，**這種二重性就是不二法門的根源**。所謂的「不二」就是「一而二」，「二而一」。雖說有兩種東西（性質、概念或現象），但不能分離，所以只是一種。但說是一種，卻又有兩種不同的情形，這就稱為「不二法門」。有無量多的不二法門，例如佛與眾生不二，煩惱與菩提不二，色與空不二等等。這是佛法的特殊辯證法，即**對偶的互融性**（或稱對立的互補性），所謂的對偶（或對立）其實是一體的兩面。

這種思想不是佛法獨有，在易經和量子物理學，對偶的互融都是很關鍵的觀念。在太極圖上可看到陰與陽如兩隻蝌蚪相抱，這顯現了對立的互補性，陰與陽互相對立而又圓融在太極內。陰與陽相生又相剋，相對又相容的性質，可以解釋宇宙一切萬法的生滅演化。

在量子物理學，微觀的粒子（量子）具有波粒二重性質，這在前言中就已提到過。波動現象與粒子行為是非常不同的，波擴展分布於整個空間，而粒子則局限於一個特定的位置，這兩種性質是互相衝突的，一個東西（例如電子）怎麼可能同時是波又是粒子？但實驗確實證

明電子具有波粒的雙重性質，這種對立的互補性，物理大師波耳（Niels Bohr）稱為「互補原理（complememtarity principle）」。這種情形勉強可以用銅板作比喻，銅板的正反兩面互相對立，丟銅板時若出現正面則反面就隱藏不見，反之亦然。但離開正面就沒有反面，離開反面就沒有正面，而銅板「同時」具有正反兩面，電子的波粒二重性就像這樣，而量子力學的波函數就體現了這樣的性質。

順便提一下波耳的一件趣事。他在1937年訪問中國時，第一次看到了太極圖，大為震驚，讚嘆不已。他認識到太極圖中陰陽相對的互補性內涵，發現在西方是革命性的互補性觀念，其實在東方早就是一種自然而然的思想方法。由於波耳在科學上的傑出成就，後來被丹麥國王封為「騎象勳爵」。照慣例爵士徽章應鐫刻族徽，波耳就用了太極圖的概念去設計自己的族徽，並且還在族徽上刻了一句拉丁文箴言：「Contraria Sunt Complementa（對立即互補）。」

物理上波的概念

佛法強調一切都在動，都在波動。佛教說的業，用量子力學的語言就是波函數，用量子場論的語言就是量子場，用最流行的語言就是量子信息，總而言之，就是量子波動，所以可以藉由物理上波的概念來幫忙了解佛法。首

先介紹頻率的觀念。在物理上凡是規律性的振動，就可以用某種頻率來描述。頻率就是每秒鐘振動的次數，其單位稱為赫茲（hertz），每秒振動一次，就稱為一赫茲。但是振動的形式有無量多種，最簡單的例子是彈簧的振盪與鐘擺的擺動，這都是週期性的運動，故可以定義為頻率。接下來說明波長振幅與波速。若一個介質受到擾動，就會形成前進的波，例如空氣的振盪造成聲波，地殼振盪造成地震波，還有海水的波浪等等，這些都是因為介質振盪而造成的。最特殊的是光波，它根本不需要介質（以前誤以為「以太」是其介質，後來證明根本沒這個東西）。光波是一種電磁波，就是互相垂直振盪的電場與磁場，在空中互相感應而造成波動，以每秒三十萬公里的速度傳播。

　　大家一定看過海浪，這是日常生活中最常見的大自然的波動，前浪與後浪之間的距離稱為**波長**，吾人見海浪似乎往前移動，可是仔細看看，每一個地方的海水其實只是在作上下起伏運動而已，連綿下去，遂成為移動的波浪。而上下起伏運動是一種週期性運動，一秒鐘內往返振動之次數稱為**頻率**，可以證明**波長乘以頻率＝波速**，而海水上下起伏的幅度稱**為振幅**。一切的波動都類似海水的波浪，聲波亦是如此，只不過是空氣在往返振動（這稱為縱波），而不像海水做上下振動（這稱為橫波）。波的特性為**振幅、波長、頻率**，（記得波速由波長乘以頻率而得）

其中最重要的特性**為頻率**。以聲波（聲音）為例，頻率決定**音調**，高頻率稱為高音調，低頻率稱為低音調，一種樂器發出的聲音，常常是很多頻率的音混合而成，而這些音的頻率通常有整數比的性質，這種特殊頻率的混合音形成**音色**。聲波的振幅決定**音量**，即振幅大小決定聲音的大小聲。

　　以上的討論是物理上波動的性質，波動諸性質當中以頻率的觀念最重要，故常被借用來說明不可思議的佛法。所謂一切在動，是非常廣義的，已經不能局限於物理上物質的振動了。在物理上，一個系統可以由許多不同的部分組成，而形成此系統之**振動的特徵頻率**，例如在電路上，電阻、感應器與電容器可以組成一個線路，而形成其特徵（自然）頻率，這就是收音機或電視機選頻道的原理。當轉台時，即改變上述線路之特徵頻率，而當其頻率剛好與空中之某電磁波（由電台或電視台所發出）之頻率相同時，即產生**共振**，故可以接收到該電磁波之訊號，這就是轉台收看（收聽）不同節目之原理，這樣的道理常常被引用來說明佛教常說的十法界（十種宇宙）的情形。所謂的十法界就是佛、菩薩、聲聞、緣覺、天、人、阿修羅、畜生、餓鬼與地獄，共十種世界。

　　共振是物理上很重要的觀念，它的意義包含吸收能量、接受訊號、產生作用等。可以引用來說明坐禪的過程

與五蘊的發生。根、塵遇合而成識，例如，眼根對色塵而形成眼識（視覺），也就是根與塵之頻率相同而形成眼識，則三者之頻率皆相同，這可以稱之為「三位一體」的共振。同樣地，意根與法塵頻率相同，產生共振而形成意識（六根、六塵、六識在後面的佛法宇宙觀中會有較詳細的討論）。如果根之頻率改變，對應之塵的頻率亦改變，則形成的認識也就改變。所以在打坐入禪定時，可以看到不同的天界的情形，就如同改變電視機的頻率（接收器之頻率改變）則看到不同的節目（接收到不同頻率之電磁波）。十法界（十個宇宙）各有不同頻率，用修行的方法，改變我們認識的頻率，就可以看到不同的法界。再進一步改變我們身體的頻率，不僅可以看到不同的世界，身體也可以到那個世界去（如天界），目犍蓮菩薩就有這種大神通。這就是所謂神通的科學性解釋。一般人會大驚小怪，或認為這是天方夜譚，這是因為習氣深重，對佛法又沒有正確的了解的關係，其實修行就是改變頻率。

最後，頻率最深奧的運用是在「業」的討論上。簡單地說，業可以比喻成計畫的藍圖，但這只是一種靜態的描述。其實業是動態的，更適合用量子的觀念來說明，量子的狀態在量子力學就用「波函數」來描述（下面會詳加介紹）。波函數是一種數學函數，而且是複數（不是實數），它具有波的性質，故可以用頻率來表徵。我們常常

說「消業」，就是改變業（量子）的頻率。

三法印代表三個原則，如果詳細檢討其內容，其實只有一個法印而已，那就是一切在動，這是真如本性（宇宙本體）的性質。因為在動，就沒有固定；沒有固定，就沒有實體，這就是「一切皆空」。又因為這個動是全體在動，所以不能說是誰在主宰，誰在發生東西出來。只能說是全體發生，全體變化，這就是「一切無我」。所以第一法印最根本，從第一法印就可以推論出第二和第三法印出來。

二、一切無我（諸法無我）

因為一切在動，真如本性全體在動，十法界也是全體動出來的，所以全體發生。這個全體發生，不是誰生出誰，而是全體「互相生成」，全體互相生成後，維持這個情況下去的是全體「互相依存」，所以不是誰依靠誰。互相依存後，按照因緣，也會「互相消滅」。所以互相生成，互相依存，互相消滅，是十法界一切萬法真正的情形。所以裡面沒有一個主宰者，來支配生成、存在與消滅，這叫做「諸法無我」。

「我」的意義有很多種，最為大家所熟悉的是每一個人的「我」，就是「個體我」，好像有一個可以感覺、

認知、下判斷，作決定的主宰者。其實這是一個大妄想，這已被前言中提到的美國神經生理學家利貝特的實驗證實了，這是有史以來，第一次用科學實驗證明了「自我意識」是個大幻覺，由於這個「自我意識」而產生的我執，是六道輪迴的主因。

我執識，在佛教稱為「末那識」，也叫「連續識」，又稱為第七識。人的心識作用有如瀑布：近看方知是由許多綿密相接的小水珠連綴而成的瀑布，遠看卻似垂掛下來的一面白布，這是一種錯覺，我們心識的作用和瀑布的情形完全一樣。就是說連續識（自我意識）所形成的「這個我」的觀念，和看瀑布形成的「這面布」的感覺，同樣都是一種錯覺。

一般人都以自我意識為生命中心，意識的連續形成「我」的觀念，以這個「我」為中心來認識與分別一切事物。其實這個我是「假我」，只是六根六塵接觸形成的幻影而已，而我們都以為那是我們的心，以這個心為主去過生活，進行生命活動。就是因為認定了這個生滅無常的心為我，使得我們在六道中輪迴受苦。

另外，在宗教上的「我」就是「宇宙我」，也就是「上帝」這個觀念，認為有一個主宰者，創造一切，並決定人類的命運，愛因斯坦與羅素並不接受這樣的觀念。其實「上帝」是人類發明的觀念，事實上並沒有這樣的創造

者。而在物理宇宙學之觀點，宇宙是自己創造自己，不需「另一個」創造者。

　　這種造物者的觀念，在哲學上就變成萬物的「第一因」，或「第一推動」，在宗教上就變成「上帝」的觀念。這都是一種「我」的觀念，而佛法主張「無我」，這才是徹底的宇宙真相。

三、一切皆空（涅槃寂靜）

　　「涅槃寂靜」就是身心都無，不生不滅的狀態，這個情形也叫作「**色即是空，空即是色**」，所以稱為「一切皆空」。

　　如上所說，既然一切在動，一切無我，所以一切都沒有實體，這就是一切皆空。「空」不是沒有東西，而是一切東西沒有實體，這個意義上面已經詳細討論過了。一切皆空使東西的變化，事情的發展有各種可能性，所以人可以消業，可以改運，可以成佛等等。

　　「不空」的想法非常根深蒂固，即使我們用種種的方法來分析，而且好像可以了解空的道理，可是我們的深層意識仍然不相信。英文的「something」（某物）可用來說明一般人不空的想法，我們總是認為真的有東西在某個地方，「something is here, something is there」，這樣的

「something」的想法就是有實體的觀念。只有成佛才可以徹底了解空的道理，體悟空的實相。

三法印是宇宙萬法（包括宇宙本體的真如本性）的根本法則，小如基本粒子，大到整個宇宙，一切萬物的運行都離不開三法印。我本身是研究基本粒子學（或稱高能物理），茲以一種中性介子（mesons）為例，來說明它的行為就是三法印的絕佳的示範。

在說明這個粒子的奇異行為之前，先強調一下前言中提到的量子論中最奇特的性質：**一個量子態可以是很多其他量子態的組合（在物理稱為疊加）**。要注意的是在量子論，最重要的觀念是**波函數（或稱量子態），一個「粒子」並不是一個東西，而只是一種狀態，或只是一種波動，這種波是一種機率波，稱為波函數**。在粒子物理學，我們都給每一種粒子命名，但這只是方便的名稱，要記得它們只是一種狀態，而且此狀態可以是一些其他態（其他粒子）的組合。譬如說A粒子是B粒子和C粒子的疊加態，而D粒子是B粒子和C粒子的另一種疊加態，則B和C必然是A和D的疊加態，這真像元朝女詩人管道升詩中說的：「你泥中有我，我泥中有你。」這種**相互組成**，是量子粒子很不可思議的性質。

現在回到要討論的這個中性介子，稱為中性K介子，符號為K^0，它的反粒子叫做$\underline{K}^0$，是不同的兩個粒子，雖質量

完全相同，但裡面內含的夸克成分不同。他們是強交互作用產生的，在強交互作用之下其性質與表現是不同的。但它們在跑的時候（與其他物質沒有作用時），這時它們就會衰變，此時是弱交互作用。奇妙的是當衰變時，弱交互作用並不「認得」K^0和$\underline{K}^0$，而只認得K^0_L和K^0_S（而強作用只「認得」K^0和$\underline{K}^0$），而此兩種粒子是原來K^0和$\underline{K}^0$的疊加態，其中$K^0_L = （K^0 + \underline{K}^0）$（本來還要除以$\sqrt{2}$，但為了簡單起見，在此省掉這個係數），這是一種壽命較長的粒子；而$K^0_S = （K^0 - \underline{K}^0）$，這是一種壽命較短的粒子。因此數學上我們可以得到：$K^0 = （K^0_L + K^0_S）$，而$K^0 = （K^0_L - K^0_S）$。

所以當K^0自己在衰變時，它有一半的機率變成K^0_L，存活時間較長，有一半的機率變成K^0_S，存活時間較短，這在實驗上都得到驗證。實際上的做法是先製造一大堆K^0，讓它們衰變，結果有一半變成K^0_L，另一半變成K^0_S，而此種K^0_S較短命，所以它們很快就消失了，只剩下K^0_L。如果讓這一束純K^0_L射進物質裡（記得$K^0_L = （K^0 + \underline{K}^0）$），那麼因為$K^0$與其反粒子$\underline{K}^0$與原子核有著不同的交互作用，結果$K^0$又會重新出現了，這稱為「再生」。另外初態為$K^0$的粒子束，會在傳播時變成自己的反粒子$\underline{K}^0$，而反粒子又會變回原來的粒子，這稱為「振盪」。

這些不可思議的現象，顯示中性K介子不是一個「東西」，而只是一種機率性存在的「狀態」，不停地變遷

與轉化，所以是「無常」；沒有固定的身分，所以是「無我」，沒有不變的實體在裡面，所以是「空」。

又由上面的說明，可知這些粒子是互相依存，互相組成，互相生成，是大乘佛經（如《華嚴經》）開示的無盡緣起，一多圓融的具體而微的例子。

上面介紹了三法印，即一切在動，一切無我與一切皆空，這是宇宙萬法的性質，就連宇宙本體的真如本性也適用。由此又可以演繹出一切如幻，一切唯心與一切如意三個原則出來，合稱為六原則。三法印可以說是從客觀的立場來說的，而後面這三原則可以說是從主觀（心識）立場來說的，其實主客本來不分，這只是方便上的分法。現說明如下。

一切如幻

因為一切東西是空的，都沒有實體，所以如幻，如《金剛經》所說「如夢幻泡影」，所以我們不能去執著。

一切唯心（萬法唯心）

既然一切皆空，那麼宇宙一切東西都是一切唯心，也就是佛經裡面所說的「萬法唯心」。萬法唯心和萬法皆空是連帶關係的，也可以說是互為表裡的關係。就是因為萬法皆空，所以萬法可以說是暫時性的一個幻相，裡面並沒

有實體。我們現在所看到宇宙一切的事物，都是我們過去業識所幻化出來的幻化相，所以說是空。

要說明心與物的關係，或色與空的關係，最好的譬喻莫如鏡子。因為一切事物皆無實體，就像鏡子裡的影子，而能現出影子的是鏡子的功能，這個功能就是我們的心。我們心識的功能與構造，將在下面的宇宙觀（唯識的宇宙觀）中詳細介紹。

一切如意（隨心如意）

因為萬法唯心，宇宙一切事物都依照我們心識發生出來。當我們修持圓滿的時候，就可以得到隨心如意的力量，這是大家最喜歡的東西。一切隨心如意，心想要怎樣就可以怎樣，到這個地步來，一切的煩惱，一切苦都沒有了。這是我們成佛可以得到的好處，是其他哲學、科學等所沒有的好處。

貳、佛法宇宙觀——宇宙三觀（横、縱與深觀）

佛法的宇宙觀可分成主觀與客觀的立場，如下所示。

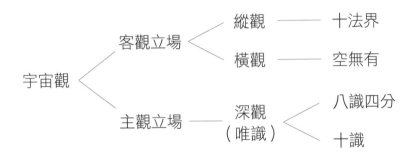

一、宇宙横觀——空無有

真如本性

佛法最重要的觀念，就是「心」，也稱為「真如本性」，在前言中，這個名稱已提了好幾次。如果說是心，則在強調「能知一切萬法」的能力，此時也叫「佛性（覺性）」，這樣的心又稱為「真心」（有別於眾生幻化的假心）。如果稱為真如本性，則在強調宇宙（以及宇宙內所有萬法）的本體，可以「產生一切萬法」，此時又可以稱為「法性」。用物理的名詞，可以說是宇宙（包括宇宙內

一切東西）的「能源」，因為雖然它是無形的，可是具有無窮的能力。從生命科學的觀點來說，就是「**不死的生命**」。如果用《易經》的語言，叫作「無極」，在禪宗常稱之為「本來面目」。

真如本性在另一方面又具有「無窮的功德」，一個人成佛了，就是**與真如本性合體**，故佛稱為「萬德莊嚴」，具有無窮的能力與無邊的智慧，可以度無量眾生。

把宇宙由內到外剖析為「空無有」三個層次的世界，這稱為「宇宙橫觀」。「空」的世界是真如本性的「體」，「無」的世界是真如本性的「用」，「有」的世界是真如本性的「相」，所以這三種世界都含攝在真如本性內。

「空無有」的講法，可以說是把宇宙從內到外，分析最透徹的宇宙解剖學，也是最高的佛法物理學和宇宙學，不僅顯示宇宙的構造，也說明了宇宙如何從空到無，從無到有的過程。亦即宇宙如何產生，時、空、物是如何創造的，全部都有明晰的解答，這其實是科學家夢寐以求的終極理論。

1.「空」的世界

如上所說，空的世界就是「**真如本性**」的體，常常就只稱作「真如本性」，在華嚴宗稱作「一真法界」。剛剛

說過，它有不同的名稱與對應的意義，但從科學的觀點來說，最重要的意義就是「**能**」的世界，或說「**能源**」，是宇宙發生萬物的根本能力。而從哲學立場來說，就叫「**宇宙本體**」。任何東西，小至基本粒子，大至全宇宙，其本體都是同一個。

此本來的能力本體本身沒有固定，如果固定的話，就不能發生萬法，也就是說不能產生宇宙及其中的一切萬物出來。**沒有固定就是沒有實體。因為沒有固定，就是在動；因為沒有實體，故說是空。所以宇宙本體是空的，永遠在動的。**這個本體是空空洞洞的能力本身（或說是宇宙能源），其中沒有時間空間及一切東西（故又稱為「空的世界」），所以它的動是空中動，叫做「絕對動」；它的空是動中空，稱作「無常空」。空而又無常，所以這個空不是「死寂的空」（佛教稱為「頑空」），而是「真空」。動而又為絕對，所以沒有時空座標可以加以描述，就如剛才說過的，只好勉強用「這種動只有中心而無軸心，而這個中心也沒有固定的位置」來加以表達。這是沒有時空沒有物質當中的動，這種動不生不滅，所以無法思議。而目前我們的世界都是相對動，就有生有滅。當人在入最高的禪定——金剛喻定時，感覺一片透明圓光，此即真如本性，就是本來的能力世界，就從現在的相對動回復到本來的絕對動，就成佛了，所以真如本性也稱為佛性。

最重要的觀念是前面說過的動的二重性（duality）：真如本性是絕對動，而現象世界是相對動，但是相對動與絕對動是一體的兩面，而且是互因、互果、互動，這是佛法中最深奧難懂的道理。相對動就有時、空、物質，物質有變化，人有生死，可是絕對動不生不滅。最奇妙的是相對動造成生滅變化，可是絕對動永遠維持它的絕對動，而不生不滅，這就是永恆不死的生命。

最近西方學術界流行一個議題：「為甚麼會有宇宙？」或「Why is there something rather than nothing?」（為甚麼會有東西出現而不是一片虛無？），用佛法語言來問，這相當於問說：「為甚麼真如空的世界不守住空，而會發生萬物出來？」

經由剛才的說明，就可以回答這個問題。因為真如本性的空不是「頑空」，而是「真空」，真空能生萬有，而頑空就是一片死寂。能生萬有的原因就是真如本性的動具有二重性：絕對動與相對動。因為絕對動內含反動之機，故會發生相對動。為甚麼會有宇宙？佛法的答案是因有「無明」（《大乘起信論》曰：「忽然念起，名為無明。」），「根本無明」就是相對動的發端，這個根本無明又稱「劫初一氣」，或「法爾一念」，由此發生宇宙及一切萬法。這些在下面要講的「佛法的宇宙發生學」中，會有深入的討論。

要注意的是雖然真如本性中發生萬物，但其絕對動永遠繼續維持下去，這是「不變性」，也稱作「守自性」，所以絕對動並不是「變成」相對動而消失了；而另一方面，相對動也會不停地發生萬法，這稱作「隨他緣」，這種情形馬鳴菩薩稱之為「不變常隨緣，隨緣常不變」，這種二重性質是佛法裡面最不可思議、最難理解的道理。

2.「無」的世界

「無」的世界就是真如本性的「用」。如果「空」的世界是「能」的世界，則「無」的世界就是「量」的世界。**「無」的世界用佛經的名詞就是「業」的世界**，用《易經》之語言，「太極」就是「無」的世界的開始。

這種世界極其複雜廣大，唯有大菩薩以上才可以完全了解。簡單地用比喻來說，它是一切東西（從基本粒子到整個宇宙）之變化與運動的「藍圖」。這是看不見，可是有作用的潛藏的世界，數學上一切的數（實數、虛數），我們的意識、精神及一切行為（身、口、意）造成之業，都是在這個世界裡。

「無」的世界這個概念非常重要，像前言中所說的量子糾纏這種超時空的影響，是在「無」的世界中進行的。眾生因造業而有因果報應及六道輪迴，其中的機制就是在「無」的世界中運作，而在「有」的世界產生具體的

現象。《華嚴經》所闡述的「一即一切，一切即一」這種「一多圓融」的觀念，以及相關的全像宇宙觀，都要利用「無」的世界這個概念，才可以了解。

在物理上，最適合用來說明「無」的世界觀念是「量子」（以及相關的量子波函數、量子場或量子信息）。在現代的學術中，物理學的量子（特別是量子信息）最接近業的觀念，在以前根本無法用語言來說明業的觀念，有了量子的觀念就比較容易了。但是千萬不要誤以為量子完全等於業，否則佛法豈不是和物理沒有兩樣了。這只是借用量子的觀念來幫忙了解業而已。以下詳細說明量子的觀念。

何謂量子？

量子這個名詞是量子論的開山祖師，德國人普朗克（Planck）在1900年創造的。quantum是它的單數名稱，quanta是複數名稱，它原來的意思是指不連續的能量，後來把任何不連續的物理量都稱之為量子。到現在，在物理的應用上，它至少有三種意義：（1）能量量子（quantum of energy），這就是當初普朗克所命名的量子，指的是能量是不連續的，而有一個最小的能量單位。（2）作用量量子（quantum of action），指的是不連續的角動量等物理量。（3）場量子（quantum of field），指的是場的量子化而生的粒子，例如電子、光子、質子、中子……等基本粒子。現

在最常用到的是第三種意義，所以站在微觀的立場，甚至於在固體內，「聲音」也可以量子化而產生「聲子」的量子。

量子的行為非常不可思議，完全違反常識。量子的狀態就稱為「波函數」。何謂波函數？它是描述微觀粒子的狀態（量子態）的複變函數，所以本身不能直接被測量到，波函數可以說是一種機率場（機率波），它可以告訴我們這些微觀粒子（如電子）在某地被發現的機率。在物理學，波函數代表該粒子之運動的所有消息，粒子根據波函數而運動。所以我們可以說電子的波函數就是電子的「業」。

在物理的量子力學中，一個粒子或一群粒子的狀態叫作「量子態」（quantum state），是一個比較抽象的名詞，但是可以有不同的表徵（representation），而使之較為具體化，波函數就是量子態較為具象化的表徵，雖然還是複數（本身不能測量到），可是它的絕對值可以測量。這些量子態的集合空間就稱為「希爾柏空間」（Hilbert space），這是物理上最接近佛法「無的世界」的概念。要特別注意的是佛法不是科學，但是要了解佛法必須借用科學概念。例如此處借用量子態來說明無的世界，實際上在無的世界中，無數的業都是在振動當中，而在物理上的量子態空間似乎是「靜態」的抽象的觀念，這是非常重要的差別。佛

法是要實修的，而學問是用想的。宇宙真相是活潑的，一切在動的，可是學術化後，所得到的是抽象、靜態、沒有生機的概念或觀念，這點非常重要。科學可以用來幫忙了解佛法，但是科學不是佛法，佛法也不是科學。

另外，在量子物理中，有一種不可思議的「量子場」的觀念。量子場會導致粒子的產生與消滅，很巧妙地表現出無中生有的性質，不僅基本粒子如此，整個宇宙也是如此（這稱為量子宇宙學）。「場」是沒有實體的，但它量子化以後就會出現粒子（場粒子）的物質出來，所以物質也是沒有實體的。因此，量子場不僅適合用來了解「無」的世界（量的世界，或業的世界），因為它是看不見的振動，可是又可以定量化而產生物質；也適合用來說明一切皆空。

近來量子物理的發展已影響資訊科學，量子資訊（或稱量子信息）已成熱門的話題，而量子電腦的出現，也似乎指日可待。本來量子信息是微觀的量子系統的資訊，但是一個人甚至整個宇宙其實都是量子系統，都有對應的量子信息，這都是佛法說的「業」。

目前西洋學術界有一些熱門議題，例如「宇宙是一部電腦嗎？」「我們是否活在虛擬實境（virtual reality）中？」「我們與所處的宇宙是模擬（simulated）出來的嗎？」這些問題都跟物理的量子論，特別是近來流行的量

子信息觀念有關聯。而這些問題在佛法中都有答案。**宇宙是由我們的「心」創造出來的，第八識像一部無形的電腦，而「業」就像程式**，所以我們確實活在虛擬實境中，在某種意義，宇宙（包括每一個人）是模擬出來的，但不是由上帝或高文明的後代模擬出來的，而是每個人自己的業自己模擬出來的，也可以說**就像作夢一樣**。

3. 「有」的世界

　　「有」的世界就是真如本性的「相」，也就是「質」的世界，即有形相與物質的世界。如果「空」的世界是「實在」的世界，「無」的世界是「潛在」的世界，那麼「有」的世界就是「存在」的世界。佛經所說的十法界就是「有」的世界，等下在宇宙縱觀再詳為說明。最後將空無有三種世界在各種不同立場時所對應的名稱表列如下：

宇宙橫觀	物理用語	哲學用語	佛經名詞
空	能	體	真如本性
無	量	用	業
有	質	相	十法界

4.佛法的宇宙發生學──從空到無到有

接下來說明佛法的宇宙發生論，並與天文物理的熱霹靂說（Hot Big Bang）及量子宇宙學做比較，由此可以說明科學的發展證明了佛法的真實性。

佛法的宇宙發生論不是學問，而是真正的宇宙實相。宇宙的真相在佛法是用實修手段，經由打坐到最深的定──金剛喻定，而證得真如本性，此為宇宙的本體，亦為「能」的世界。由金剛喻定再轉到海印三昧，則上下十方一切世界（十法界）同時炳現，此為最高之定與慧。這和一般的學問很不一樣，一切的學問都離不開人間認識的範圍，並加入許多假說與臆測而摸索出來的。

如剛在第一節（空的世界）所說的，真如本性的動有雙重性質：絕對動與相對動。這個絕對動內含反動的契機，就造成相對動。真如本性沒有時、空、物質，純然是能力本身，它的動是絕對動，它的空是無常空，即空亦是無常，無常就是動，所以才會發生萬物與宇宙出來。如果有常，就是「頑空」，不能發生萬物。因為動的二重性，相對動以絕對動為因而發生。用物理來比喻，絕對動當中，因為不均衡性，發生離心力，就揮出第一顆量子，此量子就是最原始的業，它有諸多名稱，例如：**根本無明，劫初一氣，法爾一氣，一氣萌動及性起大用**等，這就是「無」的世界的開始。

劫初一氣發生以後，空無有（能量質）之間的關係，就是以「量」為中心，將「能」「量化」而產生質出來，也就是「能」有了「量」以後，定量化而成為能量，能量再變成質量出來。這種解釋很接近物理上的能量與質量的互變。

上面所說的能量質的關係，不僅只是一種理論上的關係，更是大宇宙與小宇宙（人本身）及一切現象生成變化的法則。人本身也具足能量質（空無有），人的一切行為，及與其有關的現象也是能量質關係的展現，現在大概說明大宇宙如何由空中生無，無中生有，而誕生出來。

真如本性具足六大——地、水、火、風、空及識大，六大就是六種性質，沒有形質但會發生一切萬物與時空出來。一切物質為前四大所變，空間為空大所變，而時間和自我意識則為識大所變。劫初一氣（第一顆量子）發出以後，四大相繼發生作用，先發生火大與水大，火大與水大相剋而生地大。如果以《易經》來比喻的話，空的世界相當於無極，劫初一氣相當於太極。地大形成以後，如十字形而旋轉，形成風大，如同一個旋轉的圓球，動極自爆而造成「有」的世界，大宇宙就如此誕生了。所以我們的宇宙有如被一隻無形的手（宇宙之業）用力（真如本性之能）「旋轉出來」，目前仍繼續它的「昂進」狀態，這與目前天文學家觀測到的「宇宙正在膨脹中」相吻合。宇宙

膨脹也就是物理宇宙學的熱霹靂說（Hot Big Bang）的主張。熱霹靂說認為，我們的宇宙是在一百三十多億年前，在極高溫、極高能情況下產生出來的，目前仍在膨脹當中，至於宇宙誕生之前是什麼樣子，物理學無法回答這個問題。

時空物和自我意識的形成

現在詳細說明時空物和自我意識如何形成。剛才說的，因自爆而產生了大宇宙，其實是絕對動（空）和相對動（無）互相摩擦而發生出來的。因為摩擦以後，能量裡面發生質量不均衡的質量團，這個團會自爆，在沒有時空的真如本性當中，飛散出很多質量的碎片出來，就是我們現在稱作基本粒子的東西。自爆定下來的範圍就形成空間，飛出去的速度就形成時間。所以，宇宙的空間也是能量變化出來的東西，和物質（星球）的性質根本沒有二樣。只不過空間的頻率比較精細，所以看起來空空洞洞的沒有東西。所謂宇宙的膨脹就是空間不停地增加的過程，也就是空間無中生有不停地冒出來，由此看來，空間其實是像物質一樣的某種「東西」，例如它也會振動，如果宇宙中的物質發生變化，譬如形成黑洞或中子星爆炸，空間就會振動而形成重力波，這是廣義相對論的預測，目前已被天文學的觀測證實了。

而在自爆的當中，會知道自爆的那個自覺，就是我們現在的意識。那個「我知道」的自我意識，從真如本性中的自爆到現在，都在分別一切萬法，沒有這一念，一切都沒有了，如果這一念轉到真空去就成佛了。所以自覺意識的這一念，能夠自覺自爆，就是我們現在的意識，也就是我們生命的point——性命的交叉點，這個交叉點一直連續下去，從無始以來連續到現在。「我相」也靠這個，山河大地也靠這個，八識也靠這個，六根六塵也依靠這個。

　　在這個一直存在的自我意識當中，被意識到「在自爆了」的那個自爆，爆出去的速度和過程，利用自覺可以感覺到。在自覺中的那個爆出去的過程，有一個速度，就形成時間。那個自爆過程延長到什麼範圍，就形成空間。用炸彈爆炸做比喻，炸彈的碎片形成星球，爆炸產生的爆風是看不見的東西，但是爆風有一個範圍，那個範圍就是空間。爆風以自我意識為中心，向周圍延伸，延伸速度就形成時間。所以如同炸彈爆炸中，碎片、爆風、風速都是同一來源，同理，**時間、空間、星球、自我意識都同一來源，其性質都相同，但是頻率不同，最細的是自我意識，過來是時間、空間，最粗的是物質以及利用物質形成的星球**。用佛教的術語來說，就是六大配合不同，識大配最多的就是我們的意識。在自我意識中，連續中的自覺，就形成時間。

如上所說，時間空間和物質（星球）都是自爆中產生的，都同一個來源，其本質沒有差別，所以物質、星球或光線才可以在空間中運動，宇宙就是以這種方式而存在。不僅如此，時空物和自我意識整個都沒有差別，都是同一個東西，這樣的道理，目前的科學家還沒辦法了解。

空無有的關係（以數學作比喻）
——正負零與有無空

剛才說明了如何由空轉無再轉有而形成宇宙，現在再用數學作比喻來說明空無有的關係，這可以說是數學哲學的詮釋方式。

現在用數學中數的觀念做比喻：「無」的世界是「負」的世界，「有」的世界是「正」的世界，「空」的世界是「零」的世界。但是「零」只是代表沒有量的觀念而已，其實是「無量」，代表能力的本體，也就是說有無限的能力在裡面。

現在用水和桶子及產生的電氣作比喻，來說明空無有的關係。水有無限量之多（比喻為空），而空空的一公升的桶子（比喻為無），就限定為只能裝一公升的水。空的能力無窮無量，如果不限定範圍（這是量子的作用）就無法計算。例如一公升，就是所限定的量（簡稱限量），量子就是限量。限量就是限定能力能夠發生運動的範圍。只

有能力，沒有範圍的限制，運動的範圍就無法定義。

　　現在將水倒入可以裝一公升的桶子裡，再將桶子裡的水往下倒。掉落一公尺後，利用設備轉換為電能。假設這個過程所需時間為10秒，而且重複不斷地進行著。如果這中間沒有能量損耗，理論上會產生每秒一焦耳的電能，就會讓一瓦的燈泡不停地亮著。這就比喻為藉由裝水的桶子（無），將能（空）定量化，變成能量，此時還是無形的，等到燈泡亮了，就變成看得到的有了形質的現象（有）了，這就比喻為空轉無，無轉有的過程，也就是能量（無形）轉為質量（有形）的過程。

　　能力本身雖然看不見（真空世界），但是有一個能力（無限的能力）在，本身是充實的東西，變成點亮一瓦的燈泡，變成看得見，也是充實的東西（有限的質量）。只有這個桶子，不只看不見，還要「吃他一公升的水」，才能變成質量出來。所以未裝水之前的桶子，是「虛無」的狀態，因為是「欠」一公升的狀態，所以稱為「負」的世界。一公升的水進來後（有了能量，但還是無形的），就發生一瓦的電氣，點亮了燈泡（這比喻為變成有形的質量），這是「實有」的狀態，也可以稱為「正」的世界，這就是空（能）、無（量）、有（質）的關係。

　　以上詳細介紹如何從空無中產生宇宙，並說明了從「空」轉「無」，從「無」轉「有」的機制，這就是佛法

的宇宙學。宇宙的創造不需「第一因」或「第一推動」，或藉上帝的手，而是宇宙自己創造自己。和物理學的「量子宇宙學」的主張相同。量子宇宙學認為宇宙是「自我創造」，所以物理學家霍金說宇宙是self-contained（自足的），無需「外在」的原因或「場所」來創造宇宙。所以物理學的宇宙也是無中生有的。另外，還有一個絕妙的觀念，可以用來幫忙了解無中生有，那就是宇宙的物理能量，分成正能量與負能量，正能量就是星球與一切物質之能，負能量就是星球間之交互作用能量，物理上稱為重力位能，結果正負能量剛好相抵消而得到零（零就是什麼都沒有）。這是無中生有最佳的解釋。

根據佛法，大宇宙是一個業的集團，依據此集團的「計畫」而利用真空（真如本性）之能，自我創造而成。量子宇宙學也說宇宙的波函數決定宇宙的發展。量子宇宙學也講「真空（vacuum）」，真空沒有一切東西，但充滿「量子場」，而有真空能量，此能量會釋放出來，形成很多不同的宇宙。如同水中可以冒出許多氣泡，而氣泡會不停的膨脹，一個氣泡就如同一個宇宙，所以有很多宇宙創造出來，這些宇宙彼此沒有關連，而且各自有不同的物理常數，有些不可能發展成星系，有些則可能會，而形成高級生命出來。

由以上的說明，可以了解佛法的宇宙論，已經可以用

最新的物理理論來證明。但要真正掌握宇宙真相，唯有用實修方法，在主客不分當中與宇宙合體，才可以究竟知道宇宙真相，那才是佛法宇宙學。不過現在的物理理論已經開始摸索到相當程度了。

最後，空無有也是一體三寶。所謂三寶就是佛法僧，一體三寶的意思是：佛是真如本性之「體」，法是真如本性之「用」，僧是真如本性之「相」。體用相亦即空無有，稱為一體三寶。

二、宇宙縱觀——十法界

十法界可以說是佛法的生命科學觀。

現象世界，有形質的世界就是「有」的世界。依頻率的不同，略說為十法界（十種不同頻率的宇宙），廣說則無量。十法界包括佛、菩薩、聲聞、緣覺（以上稱四聖）、天、人、阿修羅、畜生、餓鬼、地獄（以上稱六凡）。這只是大概的分法，其實有無量的法界（宇宙）。舉一個例子，像鬼道這個法界有不可勝數的種類，在佛經裡面就記載很多不同的鬼類，善惡都有，很多是佛教護法，也有神通廣大的（可參見《地藏菩薩本願經》），不要聽到這個名稱就以為都會害人。此道因為餓鬼居多，所以才泛稱餓鬼道。

這個十法界是世尊佛眼所見、佛智所知，然後才告訴我們，讓我們了解。有些人不懂佛法，以凡夫之見（井蛙之見），就認為這些是想像出來的，而批評說：「釋迦牟尼佛很有想像力。」好像把佛當作一個想像力豐富的一般人了。其實平常人無法想像出這麼無比豐富的宇宙以及其中的生命形式，不僅能給出這麼多不同的名稱，還能描繪出其各自不同的生命型態，這只有親眼所見才說的出來。這可以舉生物學來做比喻，全世界的昆蟲可能有1000萬種，目前生物學家知道的有名有姓的昆蟲有100萬種，而且都可以描繪出牠們的型態，如果不是親眼所見，誰有能力無中生有的憑空想像出100萬種昆蟲？

　　我們一般人看不到其他的法界，主要是頻率不相應，收不到訊號而已。如果有方法（例如坐禪）調整自己的頻率，就可以證明十法界確實存在著。天界以上因為頻率越快，波長越短，要看得到當然就越不容易，要下很深的功夫才可以。我們是人，所以就有人的「習性」，這個習性在八識裡，它限制我們的認識範圍，使其固定在人間這個頻道上，怎麼接收都是人間世界的信息，而不知道我們是可以轉頻道的，轉頻道就要靠修行。其實修行從頭到尾都是頻率的調整（禪宗即說當下這一念），如果調整到絕對動，回到真如本性就是成佛了。

　　如果到現在還有人說，我們看不到的就不存在，那

實在是太沒有科學常識了。例如人類的視覺只能看到某一部分頻率的光而已（稱為可見光），像紅外線、紫外線、X光等明明就存在，只是人看不見而已。昆蟲可以看到紫外線，所以對它們而言，花的顏色更豐富了。又以聲音為例，人類能聽到的聲音頻率有一定的範圍^{（註）}，更低或更高的頻率就聽不到了。

（註：人類能聽到的聲音其頻率在20到2萬赫茲之間。1赫茲代表每秒振動1次。）

但是狗能聽到的聲音頻率就比我們廣，可以聽到我們聽不到的聲音。因此很容易就可以了解，並不是我們認識不到的就不存在。十法界就是十個不同頻率的宇宙，用人間認識的頻率無法接收到其他法界的訊號。我們可以用不同頻率的電磁波來比喻十法界，事實上十法界同時在這裡呈現，就像不同頻率的電磁波可以全部到達這裡一樣，全看你的認識頻率為何，就現出何種世界。業的粗細可以用波的波長、振幅、頻率來說明，越粗的業，其波長越長，振幅越大，頻率也越慢；越細的業，其波長越短，振幅越小，頻率也越快。

我們人間世界到底有多大？不要誤以為只有地球而已，我們可以觀察到的（包括用儀器幫忙）全部都是人間

世界（人法界）。科技持續的發展，最後我們可以到達很遠的星球，那個地方甚至於有外星人，這些全屬於人間法界。簡單地說，我們可以認識到的這個宇宙（不管有多大）都是人間世界的範圍。

那麼，外星人和我們是不是同一個宇宙？我們可以說相同，也可以說不同，因為畢竟是不同的頻率。先拿眼前地球上的生物來說，例如以畜生法界的狗為例，狗的世界到底和人的世界相不相同呢？其實人和狗的業的特徵頻率不同，所以認識結構與認識結果都不同，因此是不同世界（宇宙），但我們看到狗，狗也看到人，而且有互動關係，也生活在「相同」的地球上，這是「共業」的部分。至於狗的世界到底為何，只有狗才知道，因為狗的世界是牠的八識的投射（八識相分），如果你變成狗，就知道「狗眼看人」是什麼景象了，一定跟人看人非常不同。「同樣」的山河大地，在人的眼中覺得很美麗，但狗眼一看一定大不相同。我們卻誤會狗與人生活在一個客觀且相同的世界中。佛經有言：「恆河之水，人間見水，天上見琉璃，餓鬼見火，魚見樓宅。」就是這個意思。這一點太重要了，這就是一切唯心的意思。其實根、塵、識是一體共振（前面說過），主觀的識與客觀的塵（世界）是連帶關係的，所以狗法界與人法界是不同的，但又好像生活在「同一個」世界上，這是兩個法界之「共業部分」造成

的，我們與外星人的關係亦如此。

佛法的十法界說，可以稱為佛法生命科學。我們在生物學上常強調生物的多樣性，到了十法界觀，生物（生命）的多樣性更發揮到了極致。其實生命在宇宙中是一個普遍的現象，如果將宇宙虛空比喻為大海，則星系（銀河系）像群島，個別行星就是其中一個小島。根據天文學，我們的星系有一千億個恆星，太陽只是其中之一。有的恆星四周會有若干行星環繞，而構成太陽系（我們太陽系是其中之一），有的則不會。有行星的太陽系，在適當條件下（如行星與恆星的距離，不太近也不太遠），就有機會產生生物，經過演化可以發展出更高級的生物及文明出來，就像我們人類一樣。單單本銀河系就有一千億個恆星，所以在其他行星上面有高級文明存在，從天文學的立場來說是很可能的。宇宙中類似我們銀河系的星系不計其數（至少也上千億），所以說生命是宇宙普遍現象，而有高級文明的高級生命也應該是普遍現象。

上面說的生命普遍性，也可以用天文學的「哥白尼原理」來加以推論。所謂哥白尼原理就是平等性原理，也就是說，我們的地球與我們的星系在宇宙中不占任何特殊地位，而是整個宇宙中很普通的行星和星系而已。如果整個宇宙「到處」都是星系與行星，則像我們這樣「高級」生物的存在，應該是一種普遍現象，這是目前科學家的共識。

十法界只是概分，廣分則有無量世界，這種情形可以用電磁波來比喻。在理論上，某個特定的頻率範圍的電磁波若能存在（例如可見光，其頻率在4.3×10^{14}赫茲到7.5×10^{14}赫茲之間），那麼其他頻率的電磁波也必然會存在，意即必定存在著頻率更高的電磁波，例如紫外線、X光與更高能的γ射線；也必定存在著頻率更低的電磁波，如紅外線、微波、無線電波等。不同法界有它不同業的頻率，如果我們把業的粗細用波的性質來劃分，越粗的業，頻率越低，波長越長，振幅越大；越細的業，頻率越高，波長越短，振幅越小。地獄界的業最粗，佛界的業最細，而人間法界則介於兩者之間。如果佛土為極樂世界，則地獄為極苦世界，而人間則是苦樂參半。用剛才電磁波來比喻：有人間法界這種世界，其業的頻率不是很高也不是很低（就像可見光）——這是我們可以觀察到的世界，那麼必然存在著頻率比我們更高（四聖）與更低（三惡道）的業的集團世界，所以我們很容易可以了解十法界的存在是必然的，雖然絕大部分的世界我們人間肉眼看不見。

　　各種不同頻率的電磁波都同時存在我們的空間中，而彼此不相妨礙，但我們只能看見可見光；一樣的道理，各種不同頻率的法界都存在於此時此地，因頻率不同而不相妨礙，但我們只能看到人間法界。

　　最後，如同波會消散一樣，業集團也會離散，在生物

稱為壽命。越粗的業其離散時間越短，即壽命越短，越細的業其時間越長，即壽命越長。例如越高的天，天人的壽命越長，而佛則為無量壽。

以上是用業的頻率來討論十法界，這是一種客觀的分法（也是科學的分法），非常重要。另外也可以用主觀的看法來分析，例如用煩惱的有無深淺，覺悟的深淺，或隨心如意的程度等等來分類，這部分一般人比較熟悉。

三、宇宙深觀──唯識的宇宙觀

這是最重要的佛法宇宙觀，也是目前科學完全不知道的宇宙實相，這就是佛教的唯識論，可以說是**佛法意識（心靈）科學**。唯識的宇宙觀其實可以涵蓋剛才介紹過的兩種宇宙觀。唯識論非常重要，特別是八識的概念，在了解宇宙實相和佛法的修行非常關鍵，所以此處要用更多篇幅來介紹。

上面講的宇宙縱觀（十法界）與宇宙橫觀（空無有），可以說是客觀的立場。現在要說明的宇宙深觀，是主觀的立場。**「空無有」的說法可以說是佛法宇宙學，十法界可以說是佛法生命科學，唯識論可以說是佛法意識（心靈）科學。**此唯識觀又可分為八識四分與十識兩方面來說，等一下會作說明。

唯識論實在太精深博大，在此也只能配合量子物理的一些名詞，稍加說明。現在簡要地介紹人類認識發生的機制、過程與意識的結構。

（一）根塵識──認識發生的機制

　　佛教常說六根、六塵、六識，六根是認知（認識）的主體，六塵是認知的客體（對象），六識是根塵遇合產生的認識。所謂六根就是眼根、耳根、鼻根、舌根、身根和意根，六塵就是相對應的色塵、聲塵、香塵、味塵、觸塵和法塵，六識就是相對應的眼識、耳識、鼻識、舌識、身識和意識。「塵」就是一個物體能夠引起感覺的屬性，例如「色塵」引起「眼識」，此時色塵就是物體的顏色和形狀。

　　根塵識三者都是業的集團波動的影子，如果「根」與對應的「塵」有相同的波動頻率，就會互相作用，在物理上就稱為「共振」，因而產生「識」，也有相同的頻率，這可以說是「三位一體」的共振，這就是發生認識的機制（mechanism）。如果根的頻率變了，對應的塵與識也就發生變化。下面先介紹前五根、五塵與五識，最後再說明第六種根塵識──意根、法塵與意識。

五根、五塵與五識

　　現在以一個茶杯作為認知對象來說明。眼睛和視覺神經叫做「眼根」，所對應的茶杯顏色與形狀叫做「色塵」。眼睛看到茶杯的顏色與形狀（眼根對色塵），而產生了視覺——「眼識」。茶杯有它的特定聲音（例如敲它會發出某種聲音，此時會以某種頻率震動），這就是「聲塵」，耳朵和聽覺神經就是「耳根」，耳朵聽到聲音（耳根對聲塵）就產生聽覺——「耳識」。其實原子與裡面的基本粒子，因為都在運動，都有對應的聲塵，也就是說都會有「聲音」，其頻率遠超過我們耳朵能聽到的，但在甚深禪定中可以聽到，因為耳根的頻率已轉變到可以相應了，這就是天耳通，天眼通的道理亦類似。

　　鼻子和嗅覺神經稱作「鼻根」，香臭等氣味稱為「香塵」，此處以香來概括所有氣味，故舉凡一切物體的氣味，概以香塵稱之。鼻根聞到茶杯的氣味（香塵）而產生了嗅覺（例如茶杯聞起來香香的），嗅覺就是「鼻識」。

　　舌頭與味覺神經叫「舌根」，茶杯本身也有一個味道，這稱為「味塵」，茶杯擦得很乾淨以後，舔一下會感覺有個味道，這就產生了味覺（如果是食物其味覺當然就更豐富了），味覺就是「舌識」。

　　我們整個身體以及觸覺神經叫做「身根」，用手摸茶杯感覺硬硬的或滑滑的，就有了觸覺，觸覺就是「身

識」。而所謂的「觸塵」就是物體的「質礙性」，這就是會產生實質阻礙的性質。茶杯阻礙我們的手不能穿過去，這就是有物體的質礙性在裡面。不只是物體有質礙性，連很小的基本粒子都有質礙性，有質礙性才會發生反應出來。這是物體、物質必然具有的一個性質，觸覺神經（身根）與質礙性（觸塵）作用而產生觸覺（身識）。

物體的「質礙性」讓我們感覺真的有一個東西存在，這是產生「**實體觀**」最重要的原因。但如剛說過的，根塵的作用是同頻率的量子集團（業集團）的共振，因而有觸覺而感覺有東西存在。如果**透過禪定修行，改變身體（身根）的頻率**，那麼本來會阻擋身體通過的東西（例如牆壁），就不再構成阻礙，身體就可以穿牆而過（例如羅漢就有這個本領），這就相當於說牆壁並不存在。用禪定專門術語來說，這就是「四空定」^{（註）}的功夫。所以牆壁並不是絕對的實體，身體也不是絕對的實體，這就是「空」的意思，而因為是空，就會發生變化，或可以加以改變（故佛經說萬法唯識所變）。所以「質礙性」是相對而不是絕對的屬性，現在用一個簡單的例子說明：有一片透明的玻璃，紫外線會被擋住，如果改變頻率換成可見光，則會穿過玻璃，所以可以說玻璃對於紫外線有質礙性，但對於可見光而言就沒有。

（註：四空定就是空無邊處定、識無邊處定、無所有處定、非想非非想處定，對應於四個無色界天。一般禪定過程稱為四禪八定，是色界四禪和無色界四空定的合稱，即初禪、二禪、三禪、四禪再加四空定。四禪定是「空心」，四空定是「空身」，此後再把時空觀念打破，這就「跳出三界外，不在五行中」，不再墮入輪迴了。）

正確理解神通現象

上面提到了「神通」，但是這個名稱常引起誤解，而且有人錯誤地把它和特異功能相提並論。如果不能正確理解神通現象，就無法真正了解佛法，因為佛經的道理都是釋迦佛在禪定中所證悟到的諸法實相，這是佛的神通的示現（註），所以在此簡要地說明一下。佛法根本原理如上所說，就是三法印六原則，這可以比喻為**佛法理論科學**，其中「一切皆空（沒有實體）」與「一切唯心」最為重要，因此在「理論上」，根塵識的頻率可以照我們的意思改變。而學科學的人都知道，如果理論正確，就可以用實驗來驗證，並且一定有其應用的結果出來，這就是應用科學。透過佛法的修行（例如禪定）而得到神通變化，這可以說是**佛法應用科學**。

（註：佛有三明五眼六通，三明：天眼明、宿命明、漏盡明；五眼：肉眼、天眼、慧眼、法眼、佛眼；六通：天眼通、天耳通、他心通、神足通、宿命通、漏盡通。）

神通是在修行過程中**自然而然產生的**，不是甚麼奇特神怪的事情。修行成佛的過程同時就是「**生命頻率改變，生命能量提升，生命淨化、進化，一直到生命與全宇宙合體、與真如本性合體**」的過程。在這個過程中智慧與能力增加了，這就產生了所謂的神通。拿一個很粗淺的比喻來說，大人可以輕易地搬動一顆大石頭，而小孩子做不到。懵懂無知的孩童覺得大人好厲害，對他們而言這就相當於神通，可大人會引以為傲嗎？對大人而言這是很稀鬆平常的事。在此小孩比喻為凡夫眾生，而大人比喻為佛菩薩。這只是一個過分簡化的比喻而已，其實佛菩薩的境界與神通不可思議，遠遠超過這個比喻，他們可以千百億化身，度無量無邊的眾生。

真如本性中具足一切能力，而我們囿於習氣而自我限制，故不能顯現。或許可以把我們平常的五官感知能力稱為低頻能力，這是我們出生下來就習慣的能力，而天耳通、天眼通等就是高頻能力。透過修行（例如禪定）就可以打破習氣，而開發出**本來就有**的高頻能力，所謂的神通不過如此而已。而成佛就有無限的能力、智慧與神通，才

可以深入諸法實相，一切佛經所講的道理就是這樣來的。所以佛法的修行不能只作觀念上的了解，佛法也不是只能拿來當作心靈的寄託，確實可以讓人了脫生死，獲得自由自在。修行是生命的徹底改造，到最後整個生命與全宇宙合而為一，這是真實的情況，不是一句空話。

在此要特別補充說明一點，雖說神通是修行有成時自然產生的現象，但修行絕對不能以追求神通為目標，否則輕者障道，重者走入邪魔外道。歷代佛教祖師或師父都會一再告誡弟子，不可隨便顯露神通，除非緊急時或要救人時應用一下，但也不能讓人知道。事實上很多外道或鬼道異類也都有或大或小的五神通（漏盡通除外，因為要明心見性才有此通）。這些眾生如果貪瞋癡深重，不守「五戒」（即戒殺、盜、淫、妄語、酒），雖有若干神通，反而加重造業。《楞嚴經》就有開示，：「**汝修三昧本出塵勞，婬心不除塵不可出，縱有多智禪定現前，如不斷婬必落魔道。上品魔王，中品魔民，下品魔女。**」「**汝修三昧本出塵勞，殺心不除塵不可出，縱有多智禪定現前，如不斷殺必落神道。上品之人為大力鬼，中品即為飛行夜叉諸鬼帥等，下品尚為地行羅剎。**」「**汝修三昧本出塵勞，偷心不除塵不可出，縱有多智禪定現前，如不斷偷必落邪道。上品精靈，中品妖魅，下品邪人諸魅所著。**」這些道理修行學佛者不可不知。

意根、法塵與意識

前面談到了前五識，這時只發生個別的感官知覺而已，但還不會產生「這是一個杯子」的觀念，這要靠「第六識」（即意識）才行，而意識是由「意根」接觸「法塵」而形成的。對一般人來說，大腦皮質與腦神經元稱為意根，而法塵就是「觀念」或「記憶」，其實佛教講的意根是「一半心法，一半色法」，心法是精神（這在「無」的世界），色法是物質（這在「有」的世界）。當我們說「大腦皮質與腦神經元就是意根」，這是在強調意根的物質部分（即色法的意根，或有形的意根），這在一般人很容易了解。可是無形的意根更重要，佛經上所說的意根幾乎都是指這種意根，這在下面介紹五蘊中的想蘊時，再詳細加以說明。

以剛剛所舉的茶杯做例子，五根對五塵（五個屬性）後，就有一個茶杯的「輪廓」感覺出來，這個觀念的輪廓成為我們意根要來認識的對象。所以輪廓就是茶杯的法塵。輪廓也可以說是從前面五個認識發生以後，才成為我們的對象。這個輪廓，作為我們意根認識的對象，會形成一個觀念出來。另外記憶也屬於法塵，過去發生的事變成記憶，當我們回想起來時，就變成意根接觸法塵而生意識的過程。

其實唯識論對根的看法非常深入，有些部分目前醫學

或生理學還不知道。唯識論把根分成「浮塵根」和「勝義根」，以眼根為例子，浮塵根就是眼球與視覺神經，這是有形的物質（在「有」的世界），這會形成一般肉眼的視覺；但勝義根是無形的（在「無」的世界），這與天眼通有關，這部分目前醫學界還不知道。如上說過的，本來每一個人都具足「空無有」，目前科學都只在探討「有」的世界，而且也只摸索到粗淺的一小部分（只是皮毛），只有佛法才能全面性窮究生命與全宇宙的實相。

（二）五蘊——認識發生的過程

　　《心經》有一段話：「觀自在菩薩，行深般若波羅蜜多時，照見五蘊皆空，度一切苦厄。」所以這個「般若波羅蜜多」又稱「空慧」（中國祖師僧肇大師與日本禪學大師鈴木大拙都用過這個名稱），這不是普通的智慧，而是可以了脫生死、度一切苦厄的智慧。這段話也開示了修行的訣竅，所以了解「五蘊」很重要。蘊是「眾多和合」之義，代表很多因素或材料聚合而形成的意思。五蘊就是**色蘊、受蘊、想蘊、行蘊與識蘊**，接下來作詳細的討論，並說明為甚麼五蘊皆空。

色蘊

　　「色蘊」就是有形質的物體，例如剛才舉的例子——

茶杯。依佛教傳統的說法，分成「內色」和「外色」兩種。我們人身五根叫內色，這代表我們整個身體。五根中肉眼看得見的部分佛教稱之為「表色」，裡面看不見的，例如神經系統或甚至更細微的分子、原子、電子，這是我們肉眼看不見的部分，佛教叫做「無表色」。五塵就是外色，宇宙天地所有的自然界都叫外色。剛才說過，五根就是眼耳鼻舌身，就是我們五個感覺機關。對應的五個感覺對象就是五塵（或叫五境）。「塵」是取其障礙或汙染之義，因為它們會污染我們的真如本性的清淨心（真心）。

「色蘊」是屬於物質部分，簡單地說就是我們的身體和外界物體。

受蘊

五根對五塵所發生的五識叫**前五識**，就是我們常說的視覺、聽覺、嗅覺、味覺和觸覺，然後心裡面就產生一個茶杯的知覺或感覺，這就是「**受蘊**」。

根據量子物理學，一切基本粒子，例如質子、中子或電子都是量子，都在作量子波動，也可說是量子振動，因此由這些量子集合而成的物質或物體（例如茶杯），就都是**量子集團**，也在作**量子波動**，雖然我們肉眼看不見，如果能夠入禪定，就會知道。故**萬物都是量子波動形成的幻影**，這樣的看法非常重要，這是了解佛法（特別是唯識

論）的關鍵。這種波動的頻率很細很快，我們肉眼無法解析，就誤以為有一個固定不變的實體，而有「不空」的想法，這樣的想法自出生以來就根深蒂固地深植於我們內心。所以一切物質或物體其實是作量子波動的一個集團而已，並沒有實體，故**「色蘊」是空**，也就是幻化的影子，這就是《心經》所說的「**色即是空**」，《金剛經》說的「**諸相非相**」以及「**凡所有相皆是虛妄**」，也在表達同樣的意思。

五根本身是量子集團，對應的五塵也是量子集團，都在作波動。在波動當中，兩者的頻率、幅度、波長如果一致的時候（物理上叫共振），就可以感應。我們看得到茶杯的形狀顏色，摸的時候有感覺，這些都是我們五根和五塵二個波動集團在同頻率時的交涉作用，二者交涉而成的影子變成前五識，也就是受蘊，因為都是波動的影子，故**「受蘊」是空。其實如果一開始色蘊是空，那接下來形成的受蘊、想蘊、行蘊與識蘊，當然也都是空無實體。**

想蘊

「想蘊」在心理學叫「表象」作用，即**第六識**，也就是剛才說明過的**意識**。經過五根的感知，形成一個綜合的認識，產生茶杯之認識與觀念及想喝茶的思想出來，這叫做「想蘊」，再詳細說明如下。

五根是在作量子波動的集團；五塵在波動當中，也形成一個集團。五根和五塵發生交涉以後變成一個綜合性的**觀念集團**（也在做量子波動），這就形成了「**法塵**」，簡單地說法塵就是「觀念或記憶」。從集團中「**反認**」自己有一個綜合性的能認識的主體，也就是集團中的「**直感性的一個自覺**」，就形成「**意根**」。這就是無形（精神部分）的意根，這在一般人很難了解，可是非常重要。

意根、法塵與意識是三位一體，同時發生

　　所以意根是認識過程中反認出來的影子，意根對法塵而形成意識（第六識）。其實意根與法塵如兩面鏡子互照，互相反認。意根、法塵與意識的發生，都是波動的結果，這三者同時發生，可以說是一體的三面；一個發生認識的內容，但過程分析起來變成意根、法塵和意識，這三者共同構成「**想蘊**」。一切集團的波動都會發生直感的影子出來，**所以一切萬法都是從直感的影子發生**。也就是說發生一個集團以後，有一個直感說現在形成一個集團，這就是產生一切心識作用的根本原因。其實都沒有實體，沒有一個固定的東西在裡面。

　　無論是物質，還是精神現象，本身都沒有實體，都是量子波動的結果。都是真如本性根本能力振動出來的影子，振動的結果形成一個一個的集團，集團直感性的自覺

就變成一切萬法形成的原因，所以佛法強調「一切唯心」以及「萬法唯識」。

行蘊

　　「行蘊」即**第七識**，簡單地說就是「**自我意識**」，這個意識產生「我」的觀念與「我執」（等一下講十識時再詳細說明）。因為有這個我，就發生**意志作用**而產生**行動**出來，故稱為「行蘊」。例如桌子上有一個茶杯（色蘊），看到茶杯，聞到茶的香味（受蘊），認知到這是裝滿茶的茶杯，而產生想要喝茶的想法（想蘊），就決定採取行動，走過去喝茶，就這樣以自我意志而發生喝茶的行為，這就是「行蘊」。

識蘊

　　「識蘊」就是**第八識**，就是將前五識、第六識、第七識所認識的結果，統一起來變成圓滿的認識。就是說，剛剛想喝茶這個思想是「想蘊」，決定要去喝茶，把茶喝下去就是「行蘊」。喝完茶以後，感覺這個茶很香，好喝，就是把前五識、第六識、第七識所認識綜合，統一起來而形成圓滿的認識，如此分別判斷之作用就發生了，這叫「識蘊」，心理學稱為**悟性**或**統覺**。有圓滿的認識以後，就變成一個觀念、記憶留下來在第八識裡，就變成業種，

即業力的種子。

　　五蘊就是認識發生的過程。識蘊就是第八識，其實詳細說起來，識蘊包括第八、九、十識。現在用十識的立場再說明認識發生之過程。

（三）十識──意識的結構

　　先做一個簡單的歷史回顧。有關意識的分類，小乘佛教只立六識（六個識），就是所謂的前六識，這部分大小乘都相同，而在大乘佛教，歷代祖師有各種不同的看法。玄奘大師立八識（八個識），其中第七末那識，第八阿賴耶識。他把阿賴耶識、阿梨耶識與菴摩羅識放在一起，稱之為第八識。認為阿賴耶識與阿梨耶識是同識異名，而阿賴耶識與菴摩羅識只是染淨關係而已，不必分開另立。而真諦大師立九識，把菴摩羅識分開，稱之為第九識。本書贊成真諦的觀點，但仍認為阿賴耶識與阿梨耶識要分開來討論，因為這兩者的功用與狀態（或法相）不同，後面會詳加說明。把意識分成八個或九個或十個識來討論，就只是觀點與立場不同而已，並沒有對錯的問題，都是根據同樣的佛法法義。本書主張立十識，並不是要標新立異，而只是為了要更詳盡的剖析意識的結構而已。所謂的十個意識，即前六識之外，再加第七末那識，第八阿賴耶識，第九阿梨耶識，第十菴摩羅識。

所以意識的結構，從淺到深，可以詳細分成十種。為了方便，以後第六識、第七識……的「第」字都省略掉，而簡稱為六識、七識……等等。

　　前面已說明過前五識、六識，以及簡單地介紹了七、八識，現在更詳細一點討論七識與八識，最後再論及九識、十識，這最後的九與十識，一般人較少聽過。如上所說，這十個識在佛經上都有名稱，只是為了稱呼上的方便，才照順序去編號。

七識（末那識）

　　這個識梵文稱作「**末那識**」，意譯為「意」，即思考、思量的意思。

　　前五識都是個別的認知與感覺，五識提供材料而產生六識（意識）。意識形成以後，對事物的認識就比較圓滿，有整體的認識，知道這是茶杯，這是花，這是桌子……等等，有很多很多的認識，在時間中，好像變成有前後的關係，其實時間上的過去、現在、未來，是經由自我意識，以「現在」為坐標中心點而劃分出來的。在這個連續的過程當中，意識又發生**反認作用**，好像有個連續的東西在支配我們的認識，這就形成七識——**自我意識**。因此所謂的「自我」或「我」的觀念，是六根對六塵生六識而反認出來的影子而已，而我們把影子當作我們的自我意

識，其實並沒有一個絕對的「我」在裡面，如在前言中說過的，這已由科學實驗證明出來了。

這個道理釋迦牟尼佛在《圓覺經》就已經開示過了：「**一切眾生從無始來，種種顛倒，猶如迷人，四方易處，妄認四大為自身相，六塵緣影為自心相。**」即誤認這個四大和合的肉體是我們的「身」，把六根六塵相觸，因緣所生的認識幻影，誤認為是我們的「心」，不知這個身心都是幻化沒有實體。

八識（阿賴耶識）

此識梵文稱作「**阿賴耶識**」，意譯為「藏識」。

七識發生以後，好像有自己、自我的存在。然後依自己存在的立場，把全體宇宙的記憶劃出一個範圍出來，就變成八識。就是說**把無限量宇宙中所發生的記憶，以七識為中心形成我們自己的範圍，就變成我們的八識**，每一個人都有自己的八識。八識就是佛經上說的「**阿賴耶識**」。

如果用傳統電影來比喻，六識形成的認知影子像電影膠片中一格一格的畫面。而我們念念不停，認知一直連續下去的情形，就像電影膠片的捲動，一格一格的畫面就連續的動了起來，好像發生了一連串的事件，就誤以為有一個實在的主體在認知或操控這些事件，七識——自我意識的錯覺於焉誕生。

如果把人從出生到死亡的這一世比喻為一部電影，前世、來世又是另外兩部電影（當然還有數不盡的前世與來世，如果都在六道輪迴中的話），那麼都有其對應的整捲的電影膠片，一世一捲，這一生完結了，就播放另一捲。當然這都是比喻，承載生命信息的量子信息就比喻成電影膠片，是無形的而存在於「無」的世界裡，**而這無數捲的膠片貯存於一個不可思議的無形的資料庫，佛教稱之為八識**。藉這個比喻，我們可以說七識捲動八識內貯存的六識膠片，遂播放出一部人生電影出來。所以可以說，人生及相關的所有自然界現象，全都是每一個人的八識「投射」出來的，像播放電影一樣，而「投射的光源」就是真如本性的「自性光明」。

如剛才說過的比喻，一捲膠片代表一世，播放完了，代表這一生結束了。開始播放另一部電影了，這就展開另一生，可能還是人也可能不是。要注意的是，承載一世生命量子信息的這捲膠片，**同時也含藏著當時的自然界（宇宙）之「所有信息」**，這是很不可思議的情形。現在問題是：播放完後，原來這捲膠片到哪裡去了？答案是：「歸檔」，貯存在八識這個資料庫內，變成八識的記憶，無量的前世記憶都在每個人的八識內，因此發生過的事物並沒有真正「消失」，都變成八識內「永恆的記憶」。以上用電影來做比喻，這種情形也可以用錄影帶來做比喻。

我們所有的記憶都**清清楚楚地**記錄在八識裡，其實所有生物在自然界所經歷過的事都**自動記錄**在其個別的八識裡。儘管如此，當我們回憶多年前（或甚至孩提時）的事情，有些依稀還記得，有一些已經記不得了，更不要說「想起前世」了（這叫「隔陰之迷」）。這是因為八識的記憶，要現出到第六識中間那個過程的力量有所不足，這可以比喻為電池的電力不足。如果我們修禪定，就可以比喻為在充電。剛才說過，我們一切的記憶都在八識裡，不但現世、前生……乃至千百億萬世以前的事都一清二楚地記錄在八識裡面。要想得出來，看得出來，全看你電池的力量，看你把它充到什麼程度，四禪八定的修行就是「充電的過程」。

要注意的是，八識裡的量子信息不是靜態的，而是動態的，是會自動演化的，這跟我們熟悉的電腦記憶體或硬碟的信息非常不同。八識不僅是記憶的資料庫也是業種的場域，每一個人起心動念，或是語言行為，都會造成一個業種，這種子在未受報前都藏在阿賴耶識中。

九識（阿梨耶識）

此識梵文稱作「阿梨耶識」，意譯為「無沒識」，即「不失」之意。

一般人講唯識論大都談到第八識——阿賴耶識而已，

其實還有第九識——**阿梨耶識**，在《楞伽經》就出現這個名稱，但很多人認為阿賴耶識和阿梨耶識是同一個識，其實兩者意義並不相同，這裡面的道理很深。

真如本性本身有發生所有「業」的能力，也同時將業形成的一切現象或東西自動記憶在真如本性裡面。這裡面包括一切眾生，一切山河大地，一切有情無情。所有「有」的世界運動的結果，都自動記憶在真如本性裡面。**那個沒有分別眾生，沒有分別你我，沒有分別萬物，就是自動記憶「全體相對運動的影子」，那個階段叫第九識——「阿梨耶識」**，簡單說來，**把真如本性比喻為大海，運動的結果產生全體的波浪，就代表一切法界（一切宇宙）全體的記憶，這稱為第九識，所以九識是十法界共有（共通）的，而八識是個別的，是已形成業集團後才發生的**，所以阿梨耶識與阿賴耶識的意義不同。

七、八、九識的關係是：形成七識以後，在無限量的所有宇宙中的經驗中，用自己的七識劃分一個範圍，說這是我的記憶：我昨天去那裡，我昨天看到什麼，我去年去哪裡遊覽等等，通通加一個「我」進去，七識就在無限量的九識記憶大海中，分別出自己本身的記憶，就形成自己的第八識（阿賴耶識），八識和第七識相配合，造成一切分別心和煩惱業，而導致隨業受報。我們有所謂的主觀、客觀的世界，因為九識的關係，就好像有了共同的客觀世

界，而八識和七識合在一起形成我們的主觀世界，第十識就完全沒有主客觀的存在與意義了。

作為根本無明的九識是全體宇宙（十法界）的發端

以上對九識的討論偏重在九識能夠自動記錄（記憶）全體宇宙一切現象的功能，這其實只是其中一個功能而已，九識的角色不只如此，在此特別再作補充說明。

在前面介紹空無有的宇宙觀時，就已說過的名稱：根本無明、法爾一念與劫初一氣，都是九識的別名，此外在佛教界也有稱之為無始無明。九識開啟了「無」的世界，所以說是「根本無明」。九識（阿梨耶識）稱作根本無明也有經典上的根據，《釋摩訶衍論》就說到，阿梨耶識有十義，其中之一就是根本無明。

無的世界就是業的世界，而業是意念，因此九識又稱作「法爾一念」，故可稱做最原始的業或宇宙第一念。九識也是相對動的發端，由此而創造出全體法界，所以又稱作「劫初一氣」。

一般人看到無明、一念這個名稱，都以為是一個人心理的狀態或活動，但根本無明（最初的無明）或法爾一念（最初的一念）其實是驚天動地的大事，因為它啟動了相對運動，創造了全體宇宙。如果有人能入禪定，深入九識，那宇宙如何無中生有而自己創造出來，都會看得一清

二楚，這應該是天文宇宙學家或物理宇宙學家夢寐以求的境界。

何謂無明──無明之雙重性質

在此順便討論一下無明的意義。本書前面已介紹了空無有三種世界，如果用譬喻來說，空的世界是「光明」的世界，無的世界是「黑暗」的世界，而有的世界就是「影子」的世界。**以無蓋空，就是無明，因為空的光明被遮覆了**。在真如本性絕對動當中，飛出的第一顆量子，或說最原始的業，覆蓋了本來空的世界光明，故稱「根本無明」，或稱無始無明、元品無明；而一波才動萬波隨來，宇宙一切萬法就是這樣產生的。

剛才是以**客觀**的立場來說無明，就是說「**相對動就是無明**」，因為相對動產生業行，此時**根本無明就發生萬法──全體宇宙及宇宙中所有的東西**（來自於相對動與絕對動之間的摩擦），所以**根本無明是宇宙內秉的（intrinsic）一個性質**。前面已說明過真如本性運動的雙重性：絕對動與相對動，這可以說是佛法的物理哲學觀點。若用傳統的佛教術語，絕對動即真如（又稱淨分），相對動即無明（又稱染分），而相對動的開端就稱作根本無明或無始無明。此處順便說明為何使用「無始」這個修飾詞，這是因為根本無明是在**沒有時空當中產生的**，所以就無「開始」

的意義了。

　若以主觀（或認識）的立場來說無明，則「相對的認識就是無明」，此時無明就產生煩惱，這就是一般人較熟悉的觀念。此時無明就是不覺，因為真如本性的本覺（絕對的認識，或絕對的覺）被遮蔽了，離開了絕對的覺而產生的相對認識，就形成了煩惱，這就稱為不覺，所以無明即迷失了自性。另一方面，如剛剛說過的，空的光明被遮覆了，就產生無明。而「空」有普照萬物的功能，如能破除無明，本有的空性（自性）才可以發揮出來，最後是空的光明自己照自己，這就稱作明心見性，見性成佛了。

　所以無明創造萬法，無明產生煩惱，這就是無明之雙重性質。

　一切無明都以根本無明（九識）為根源，都是從根本無明衍生出來的。或許我們可以將根本無明稱作第一級無明（最根本且是最深的無明），則十二因緣的無明（在後面佛法的人生觀會有詳細說明）就是第二級無明，此為六道輪迴的根本。吾人現前一念，都是隨境起念，這又稱為一念不覺，這是造業的根源，這可以說是第三級無明。我們修行就是要逆修回去，先破此一念不覺，再破第二級無明，就不再墮入輪迴，但仍需破第一級之根本無明，方可回復自性之光明，此時才稱見性成佛。

九識之體用相

最後做一個結論，「真如本性」是九識的「體」。「劫初一氣」是九識的「用」。「全體相對運動的影子」是九識的「相」。「能自動記憶全體相對運動的影子」是九識的功能。「根本無明」是九識的無明（不覺）狀態，也叫染分。「成一切智」是九識的覺態，也叫淨分。

九識是全體未分，能所未分的階段，所以能「自動記憶全體相對運動的影子」是九識的功能，而被認識（記憶）的「全體相對運動的影子」是九識的相，都是九識自己。故九識的體、用、相、功能、狀態，已全部打成一片，沒有真正的區別。

十識（菴摩羅識）

此識梵語稱作「菴摩羅識」，意譯為「白淨識」或「無垢識」。唯有此識清淨，其他九個識都是虛妄的。菴摩羅識就是真如本性本身，是每個人的自性，同時也是宇宙的本體。

真如本性本身，用大海的比喻來說，在還未形成波浪時的平靜大海；或用錄影帶的比喻來說，還沒任何記錄的空白錄影帶階段，此時就稱作**菴摩羅識**。而阿梨耶識，用大海的比喻來說，是波濤洶湧的大海；用錄影帶的比喻來說，已經錄好十法界全體的影像（記憶），所以阿梨耶識

與菴摩羅識其意義不相同，但也可以說是體用的關係，即菴摩羅識為體，阿梨耶識為用。沒有第十識，不會發生前面五六七八九識出來。這是從心識立場來看真如本性的功能。

其實宇宙裡面所有的功能都在真如本性裡面。真如本性的功能可以認識一切東西，記憶東西，也可以發生一切行為與現象。真如本性同時也是平等的，一切眾生，一切諸法森羅萬象都是真如本性的功能發生出來的。

人人皆具十種意識，簡單地說，感官認知在前五識，思考在六識，個性與意志在七識，習氣在八識，根本無明在九識，佛性（本性）在十識。然而修行成佛，並不是要把前九識通通消滅掉，而是轉識成智：將前五識變成「成所作智」，六識變成「妙觀察智」，七識變成「平等性智」，八識變成「大圓鏡智」，九識變成「成一切智」，十識本身即是「法界體性智」。

最後，再以大海作為譬喻，把八九十識之不同與關係簡單明白地再度說明如下：平靜無波的大海是十識，全體無分別的大海波浪是九識（這是不生不滅），以業的集團為立場所限定出來的海波是八識（這是有生有滅）。雖然狀態有三，其為海水則一也。

以上由淺層到深層詳細說明了意識的結構。

（四）八識特論──八識是發生萬法的場域
　　　　　　──萬法唯識

八識四分

　　到此為止已說明了根塵識（認識發生的機制）、五蘊（認識發生的過程）與十識（意識的結構），另外唯識論有一種以八識為立場的「八識四分」的觀點，可以涵蓋上面所說的根塵識、五蘊與十識，則全體宇宙都是每一個人八識的內容。此觀點把八識的功能與作用分成四分：相分、見分、自證分與證自證分，其中的「分」就是「分際」或「分野」。這個理論博大精深，現在只能做簡略的說明。

　　相分是物質界（「有」的世界，八識之相），見分是精神界（「無」的世界，八識之用），自證分與證自證分是本體界（「空」的世界，八識之體）。相分包括內色與外色，內色就是我們的身體，外色是身體外的宇宙天地（自然界），包括一切銀河系等等，這全部都在我們每一個人的八識內，這是非常驚人的事實。見分就是見聞覺知的功能，包括前五識六七識。自證分就是九識，而九識的根本能力是從真如本性白淨識（十識）來的，十識就叫「證自證分」。所以這種觀點就是阿賴耶識（八識）包括了全部十識，而以前七識為表，以九、十識為裡（理

體），此理體十法界共通。

自古以來，祖師大德常用八識如鏡的譬喻來說明八識四分：整個鏡子比喻為八識，相分是鏡子裡的影像（所照之物），見分是鏡光（能照之功能），自證分是鏡面，根據自證分而有相分與見分。證自證分是鏡背（鏡底），根據證自證分而有自證分。由此可知一切萬法都是每個人的八識「變現」出來的，都在「八識之內」。

八識是貯存一切記憶與業種的場域

八識的梵語稱作「阿賴耶識」，意譯為「藏識」，意即含藏一切業的種子，貯存宇宙一切記憶，在佛法的了解和佛法的修行，八識至關緊要。

用量子的語言來說，八識是量子場的世界，而量子場包括能量場、意識場與信息場。能量場產生物質現象，意識場產生精神現象，信息場產生業報的現象，八識還有自動記錄一切行為或現象的功能，可以說是無形的且不可思議的資料庫，這都是八識的作用。

就貯存記憶與業種這方面的功能來說，八識是「無」的世界，所以其作用都是超越時空的，這一點非常重要。

如果把每個人生命中可以自覺的部分，包括身體及五六七識，比喻為地面上一口一口的井水，看起來是各自獨立的，但在地底下（這屬於「無」的世界），這些井水

匯成一條地底的大河（也可以說這些井水是由地底大河所匯出），這比喻為所有人的八識共業部分，所以每口井水是**互通並且互相影響，而這種影響與作用是超時空的**，在這個意義之下，我們可以說**每個人的心靈都是相通的**，但我們都不自覺。其他物種（法界），例如貓或狗等，其八識的情形亦類此。

這樣的地底大河的發源地，可以想成「某一點」，像數學的奇異點（singularity），這就是第九識，這是所有物種（法界）共通的。而十識是發生九識的無形根本能力，也是所有物種（法界）共通的。

瑞士心理學家榮格所說的集體潛意識，就相當於八識，人類的集體潛意識有著人類這個物種自古以來的集體記憶。在某個法界中每一分子的八識都有「共業」部分，這個「**共同的資料庫**」貯存著這個法界自古以來的集體記憶，所以包括行為型態在內的心靈基本結構，如同身體器官的構造一樣，是可以遺傳的，而形成一個種族心靈及行為的共同特徵，這就是榮格「集體潛意識」的理論基礎。

不僅生物有八識，一般認為的非生物，大至星球，小至分子、原子到基本粒子如電子、質子、中子，都有第八識（也有九、十識），因為**它們都會造業**，都受到業行的牽引（前面已說過電子的波函數相當於電子的業），而業的世界就是八識。所以我們可以說一切東西都有生命、心

靈並且含藏全宇宙的記憶在內，這就是全像的性質。

　　一切東西（包括電子等基本粒子）都是真如本性中的六大和合而成的，其中識大就是第十識，而第十識就稱為佛性（覺性），這是一切認知能力的來源。其他地水火風空大發生一切萬物（萬法），這個性質稱為法性，因為六大互相圓融，所以法性就是佛性，有很多人認為法性與佛性有差別，以為像人類這樣的物種有佛性，而像草木無情之物只有法性沒有佛性，這是對佛法沒有圓融正確的了解。經上說：「情與無情，同圓種智。」這就是說不管有情無情都有佛性。

八識是了解宇宙真相與佛法修行的關鍵

　　佛經上說到「心」時，有時指真如本性，這又稱為「真心」或「清淨心」，也就是「十識」，例如：「心即是佛」。有時指的是八識，例如：「三界唯心，萬法唯識」，此處的「心」與「識」，就是八識。有時指的是七識，此時又稱「妄心」或「假心」。

　　利用八識的概念才能理解因果報應、六道輪迴或前世記憶等現象，以及產生這些現象的機制。但是八識甚深難解，《解深密經》就說到：「阿陀那識甚深細，我於凡愚不開演，一切種子如瀑流，恐彼分別執為我。」阿陀那識（意為執持識）就是八識（阿賴耶識）的別稱。

有人可能會問，到底八識在哪裡？答案是：「八識一方面在每個人的內心深處，一方面又遍佈在一切處（宇宙每一個地方）。」從意識的結構來說，從淺到深有十種識，八識是深層的意識，故可以說在我心深處，這是狹義的觀點；另一方面，從八識四分的觀點來說，一切萬法（宇宙中所有的東西與現象）都是八識變現（也可以說投射）出來的，所以都在八識之內，故說八識遍一切處，這是廣義的觀點。這兩種講法同時成立且互相補充，毫無衝突，非常不可思議。

　　我們的思維不能理解八識，因為思維是六識的作用，六識的淺意識不可能了知八識之深層意識，其理甚明，唯有入甚深禪定方能窮盡八識的底蘊與奧秘。現在勉強用夢作比喻來說明：夢是六識（加上七識幫忙）做出來的，是虛幻的。夢中有自己、有他人、有山河大地，**這一切都在六識內，或說都在我們的「腦海」裡，而六識同時又在此夢中人的內心深處**。同樣的道理，在**現實人生**中，我們認為活在一個實在的世界，**其實也是一場夢**，這裡面有自己、有他人、有山河大地，都是由八識做出來的虛幻大夢，所以這一切都在八識內，**或說都在我們的「心海」裡，而同時八識又在我們每一個夢中人的內心深處**，所以我們可以說**每個人的心靈（與世界）都是互相含攝**。

　　現在用物理的觀點來嘗試說明**八識遍一切處**的道理。

八識是每一個人心靈深處所「流出」或「放射出來」的無形的量子場，充斥瀰漫於整個宇宙中（這其實是經由「無」的世界的管道，這是超時空的作用），每一個人都如此。這種八識量子場可以具象化地比喻為一種波濤洶湧的量子海（而平靜無波的大海就比喻為十識），我們自己還有宇宙其他的東西，全都「浸在」這樣的八識大海中。但是宇宙中一切的東西不是自外於此量子大海之物，或許更好的說法是，這一切東西（萬法）是此大海波浪中大大小小的浮漚（稱之為八識相分）。所以這樣的無形的八識大海既是從每個人心靈深處所流出，而同時我們每一個人（還有我們整體的宇宙）又浸入其中。而此量子場帶有信息，所以共業的八識形成共通的信息場或記憶場，或說信息海或記憶海，也可說是**共通的資料庫。每一個人有了行為就造業，就不斷地「更新」這個資料庫**，而透過這個遍一切處的八識信息場，就會產生超時空的影響，這可以用來說明一些生物界有趣又難解之謎，等一下會提到。

剛剛說到「八識是共通的資料庫」，可知**每個人的心靈是相通且互相影響的**，有時至親好友之間有心電感應（這其實是我們本有的心靈能力），就是根據這個道理，雖然一般人無法察覺這一點，但修行有成就的人都很清楚。由於每個人都有自我意識（七識）而自我設限，所以不能隨意地搜尋這個共通的資料庫。如果能打破七識，亦

即去除我執，那就可以透過這個資料庫，進入另一個人的心靈世界，這就是所謂的他心通。另一方面，八識貯存宇宙所有信息，所以過去未來的事情都會知道，這就是宿命通（宿命明）與天眼通（天眼明）。破了七識才可以進入八識，這可以說是生命初步的解放，所以破七識很重要，《金剛經》就一直強調要**無我相**，無我相即破我執（七識）。打破七識後，還要破八識（淨化八識），將業修到清淨，才可以脫離輪迴。破八識後回到第九識，則宇宙如何發生都會一清二楚，但仍需破九識，才可以打破根本無明而回到十識，那就與真如本性合體，此時才叫明心見性，見性成佛了。

以上簡略地說明了突破重重意識迷霧，最後回復本來一片光明的清淨心（第十識）的過程。

現在特別再補充說明一下八識對修行者（或欲探討佛法者）的重要性。修行就要打破習氣，而**習氣種子在八識**，非常的根深蒂固。習氣不是指不好的習慣，而是人類秉持其特有且共同的法界特徵頻率，而有固定的行為模式，表現在感受、認知與反應等等的慣性作為上。例如我們看到花，只看到可見光的部分，這是我們有關視覺的習氣（習性），而昆蟲可以看到紫外線，所以在視覺方面人類與昆蟲有不同的習氣，在此處不同的習氣（習性）就來自不同的認識結構。又如人類只會在地面上活動而不能在

空中飛行，而鳥類可以，所以人與鳥在身體活動上有不同的習氣（習性）。當然我們可以說不同物種有不同的DNA與不同身體構造，才造成這種習氣的差異，而這都是各自的八識造成的結果。如果透過修行去改變八識的頻率，這就會打破了人的習氣，最後能夠自在的調整頻率，那就會**突破法界之間的障礙**，隨意進入其他法界而與其有共同的認知、感受等，例如會知道貓所看到的世界是甚麼樣子，一定跟人類所見者大為不同，也會知道貓的感受及想法。聽起來像天方夜譚，但如果對八識有深入的了解，就會懂得這個道理，然而這已超越了目前的生命科學家所能想像與了解的範圍。

　　以上是一般的習氣。由於每個物種（與對應的法界）有不同頻率的量子波動，故有不同的習氣，表現在不同的生理與認知結構上。另外更為佛教界所重視的是有關心理方面的習氣，而且是偏向不好的方面，可以說是惡習，這就是大家熟悉的「貪、嗔、癡」，又稱「三毒」。如果加上「慢、疑」，就稱「五毒」，再加上「邪見」，就稱為六種「根本煩惱」。

　　一般的毒癮，如果有意志力（來自於七識），再加上適當藥物的幫助，是可以戒掉的。但是要戒除貪嗔癡的毒癮，非從八識下手不可，因為它的根源在八識，要戒掉很困難，不像一般的毒癮。這一定要靠修行，要開悟佛法的

道理，才可以改變（淨化）八識，從而將其戒除而轉成慈悲與智慧。

　　其實整個宇宙（或自然界）也有它的八識，也有習氣（或習慣）。宇宙（或自然界）的習氣就表現在天文學的定律，例如克卜勒行星運動定律，這規範了行星的運動行為；或物理定律，例如牛頓運動定律，這規範了日常生活中宏觀物體的運動行為；或量子力學的方程式，這規範了微觀粒子的運動行為。

　　「信解行證」是一般佛法修行的程序，「信」排在首位。修行一定要有「正信」和「信心」，這就是說，對佛法有正確的了解而產生了信任與信心。《華嚴經》就有開示：「信為道元功德母，長養一切諸善法，斷除疑網出愛流，開示涅槃無上道。」《大智度論》云：「佛法大海，信為能入，智為能度。」可見「信」的重要性。但是要對佛法產生正確的信仰與信心是很不容易的事，通常都要有明師指導，要深入經藏，或多看善知識的開示。而真正的信要深入到八識，才可以稱為正信，才是真正相信，才有真正的信心。常常我們以為經過思考懂得佛經了，相信佛所說的話，**其實都是表面上自以為是的相信。六識相信，七識不相信；七識相信，八識不相信。**如果深入到八識都相信了，才可以說是「深信佛法」。「深信」也可說是「淨信」，《金剛經》就有一段話：「聞是章句，乃至一

念生淨信者。須菩提！如來悉知悉見，是諸眾生，得如是無量福德。」另有一段話：「若復有人得聞是經，信心清淨，則生實相，當知是人，成就第一希有功德。」所以說這樣的信有非常大的力量，也會產生非常大的功德，因為八識已轉變了，到最後會轉成大圓鏡智，可以說信到了究竟（極致），本身就成佛了。

最後提一下生物學一些難解之謎，這都跟八識有關。

細胞分化（differentiation）的問題，在目前的生物學仍然是個未解之謎，小小的受精卵如何經過一再的分裂和分化，而變成一個五官完整、四肢俱全的人？生物學的理論告訴我們，受精卵中的DNA攜帶有遺傳密碼，它是生命的藍圖，就像電腦程式般，決定及指揮生物體的發育。但生物學家普遍認知到**DNA裡的密碼是組成器官裡的蛋白質及其成分的軟體，而無關於整個器官的「形態」與「結構」**。例如人類的手與腳，它們的組成DNA與細胞都完全相同，卻有著非常不同的外觀與功能。所以單單用遺傳基因（DNA）的觀點，不能解釋細胞分化的問題。

DNA負責合成對應的各種蛋白質，這是組成各種器官或部位的基本材料，但利用這些材料去製造出各種不同功能與形態的器官或部位，如手或腳，這不是它們做得到的，而是**由這個生命體的八識在設計與指揮的**。從一個受精卵到最後變成一個人，就是由八識這個無形的中央電

腦，在「無」的世界藉由精細的操控而進行的細胞分化過程，而**有一定的規劃與時程順序**。這部巨大無形的中央電腦，連接非常多的小型電腦，各司其職，而DNA就像小型電腦，受到中央電腦的操控去負責製造材料。

另外還有一些有趣但難解的現象，用八識的概念就可以了解。

首先介紹百猴效應（Hundredth Monkey Effect）。1952年日本科學家在一個稱為幸島的離島，發現一件有趣的事情：本來不會洗番薯的獼猴，偶然間其中一隻發現將番薯用溪水洗去泥巴後會更好吃，於是幸島上的其他獼猴也很快的學會了這一招。神奇的是，科學家發現當幸島上有夠多（大約100隻）的獼猴學會用水洗番薯時，居然在幸島200公里之遠的大分縣的獼猴也莫名其妙地忽然之間學會這招。科學家的結論是：當某個地區一定數目的某種動物學會一種新的技能或行為後，新的行為模式就成為該種動物所共有——雖然這種動物彼此之間遠隔重洋，而無任何遺傳基因的交換，這在生物學是很難理解之事。

用八識的概念就很容易理解這件事。當一隻獼猴學會一種新技能時，會變成一個記憶貯存到八識這個資料庫，當數目夠多的獼猴學會時，就更強化了這種記憶，而透過共業的八識（用榮格的心理學術語，就是集體潛意識），這樣的信息會超時空（在「無」的世界）地傳達到所有的

獼猴（不管牠們距離多遠）之個別潛意識中，使得牠們在不知不覺間自動學會這個新技能。如果把八識比擬為總體（中央）資料庫，這就像某一個體的記憶資料，經由八識場域作連結而自動上傳（upload）至總體的資料庫，而後續的個體即可從總體的記憶資料中下載（download）資訊，這樣的機制會促進演化的過程，而不涉及遺傳基因的傳播或交換。

另一個例子是班尼斯特效應（The Bannister Effect）。班尼斯特（Roger Bannister）是人類史上第一位能在四分鐘之內跑完一英里的選手，本來運動專家認為這會超過人類體能的極限，但自從他創造了這個記錄後，選手很快地接二連三的創新記錄。這也可以用上面說的八識的觀點來解釋。

這樣的例子很多，上面只是隨便舉兩個例子。奇妙的是，不僅限於生物界，非生物也有類似的現象，例如在化學中就有這樣的例子。一種新的化合物通常很難結晶，但一旦在某個實驗室裡成功完成了第一個結晶體，世界上**其他地方**同樣的化合物就較容易被結晶化，而且結晶體的形狀也一樣。所以不管生物非生物，都有這種超時空的記憶傳遞效應。

在科學界，第一個嘗試解釋這種效應的人就是英國的生物學家謝德拉克博士（R.Sheldrake）。他提出「形態

形成場」（morphogenetic fields）的假說，以及形態共振（morphogenetic resonance）的觀念，這都牽涉到超時空的場效應，這種「形態形成場」可以理解為八識的信息場。這個理論在此無法詳細介紹，有興趣的讀者可以在網路上找到相關的文章。

（五）小結——從唯識宇宙觀說明宇宙的發生

先由物理學說起。上面提過熱霹靂說，認為我們的宇宙在一百三十七億年前，由極高溫、密度極大的一團火球（或熱湯）爆炸而形成，經過極快的膨脹（稱為暴脹，英文叫inflation）後冷卻下來，在初期充滿光子（photons）、微子（neutrinos）、電子及夸克（quarks），接著夸克再合成質子和中子。隨著溫度降低，最初的元素氦、鋰等輕元素便形成了。根據這個理論，氦的質量占宇宙可觀察質量的四分之一（大約），而天文學的觀測證實這個結果。此外這個理論認為宇宙不停地膨脹，也在1928年被天文學家哈柏（Hubble）證實。而從開天闢地到現在，仍在宇宙每一個地方到處流浪的光子（大約每一立方公分100個，這些光子構成了宇宙背景輻射），也被觀測結果所證實了。更進而得知宇宙目前溫度為2.7K（絕對溫度），亦即零下270℃。當宇宙年齡約為十億歲時，質子與電子形成最初的氫原子（氫氣），接著再進一步發展成星系與星球等。目前宇宙

仍繼續膨脹當中，至於宇宙以後的命運為何？目前仍未有最後定論，有可能無限膨脹下去，亦有可能停止膨脹再收縮。如果根據佛經，則宇宙會經歷成、住、壞、空四劫，所以宇宙會有生滅，可以說宇宙版的輪迴大戲。

另外，前面提過的物理量子宇宙學，說明宇宙是無中生有，在「真空」中產生，如同水中生氣泡一樣，每一個氣泡即一個宇宙，氣泡不停的膨脹；每一個宇宙有不同的物理常數，可能有不同的物理定律。每一個宇宙之發展皆不同，有的甚至於可能在中途「夭折」，有的會演化出高等生命，如我們現在這個宇宙一樣。

現在有一個很大的問題，宇宙無中生有誕生後，有一連串的變化和演化，而宇宙是時、空、物之整體，故宇宙生，時、空才生，宇宙未生前，未有時、空，則宇宙是「如何」在沒有時空之坐標下誕生？因為還沒有時空，故不能說在某某地方，某某時間誕生了宇宙，這是宇宙學之根本難題。目前在物理上仍無解，只能說由「真空」產生的，而真空的性質是什麼？其實也是不知道。而佛法告訴我們真空就是真如本性，其實就是我們「本來的心」，也稱為「真心」，就是第十識。

以上是目前在物理上的宇宙發生論，跟現在要說的宇宙唯識觀非常有關。像這種「時間之前」是什麼？「宇宙之外」是什麼？只有佛法才有答案，因為佛法是宇宙徹底

的真理。如前所述,整個宇宙是從一「念」產生的,此一念即是法爾一念,或稱劫初一氣、根本無明,或《易經》之「太極」,此一念不是一般人以為的「念頭」,這一念是驚天動地的大事,這個最初一念就是「每一個人」的第九識,所以宇宙是虛幻中產生,就像人在「做夢」一樣,夢是非常好的比喻,夢是「有」的,可是也是虛幻的。同理宇宙也是有的,山河大地也是有的,可是沒有實體,跟夢中情形一樣。所以「時間之前」是什麼?「空間之外」是什麼?這個問題就如同問「作夢之前」是什麼?「夢以外」是什麼?答案是:「搖醒」就知道。搖人醒的是佛陀,被搖醒的是作夢的眾生。醒後方知輪迴是一場夢,「還沒醒」與「醒過來」的人,都是同樣這個人,本身沒有任何差別,只是夢中枉受輪迴之苦。

我們的夢是由我們的意識產生的,有時日有所思,夜有所夢,這跟六識有關;有時夢中顯示人格的壓抑、欲求之不能滿足,這跟七識有關;有時甚至會夢到以後真正會發生的事情,這跟人的八識有關。其實唯識宇宙觀就是認為整個宇宙是一場夢,由八識作出來的。八識可以比喻為超級「量子電腦」,宇宙的一切包括過去、未來的一切,全部記錄在八識內,而八識的源頭是第九識,叫「法爾一念」。所以剛才所提的「時間之前」、「空間之外」的答案就是「沒有時間、空間」,這絕對不是虛晃一招的假

話，這是絕頂要緊的事，是每一個人可以成佛的關鍵。沒有時間、空間是「無念」，「無念」就是「正念」，就是回到「每一個人」的第十識，就是真如本性本身。以作夢之例來說明，夢裡面明明有生老病死、悲歡離合、山河大地，夢醒後這一切都沒有了，回到了會「作夢的自己」，這才是「真正的我」，也就是真如本性。夢中有個我，那不是真正的我，醒過來才知道什麼是真我。可是不管是作夢或清醒，那個會作夢的我與清醒的我都是「同一個人」，都是永恆不變的。醒者謂佛，夢者謂眾生，而醒者夢者都是此心，故《華嚴經》說：「**心佛及眾生，是三無差別**」。

　　宇宙這一場「大夢」也是如此，根本之能力為十識，法爾一念為九識，就是最初的業（根本無明），從此「能」變成「能量」，最後再由能量轉為質量，宇宙就誕生了，時空就產生了。所以「宇宙外」就是無時空的真如本性（在物理上亦講「真空能量」，由真空能量而造成宇宙，但那只是抽象觀念）。而「真空」竟然是「每一個人」的極深意識——第十識（常被稱為佛性），乃是所有科學家（和所有的人）完全想不到的一個宇宙真理，佛法的「一切唯心」其實就是這個意思。

　　這就是唯識的宇宙觀。佛法講的心，不要想太遠，不要覺得不可思議，其實心就是現前一念，現前這個意識。

每個人的這一念再經過分析，由深到淺，最深處是第十識（菴摩羅識），就是真如本性本身，過來是第九識（阿梨耶識），含藏十法界全體宇宙的種子，過來是第八識（阿賴耶識），包含宇宙過去未來所有記錄，但這是每一個人利用他的七識（末那識），將九識的無量無邊的宇宙記憶劃出一個屬於他的宇宙出來，所以每一個人之八識皆不同，而會住「同一個」地球上，有共同人類之認知而可以溝通，乃是共業的關係。第七識即是自我意識，是我執的根源，第六意識就是我們的思考、想像、記憶等，前五識就是我們感官的知覺，這就是十識的構造，上面已詳細說明過了。唯一真實的是第十識，其他諸識全都是虛幻的。

現在用下一頁的圖總結佛法的宇宙觀，用三個座標軸代表三觀，這個圖在主觀上可以顯示心的狀態，在客觀上可顯示宇宙的狀態，而宇宙的狀態其實乃是心的狀態。

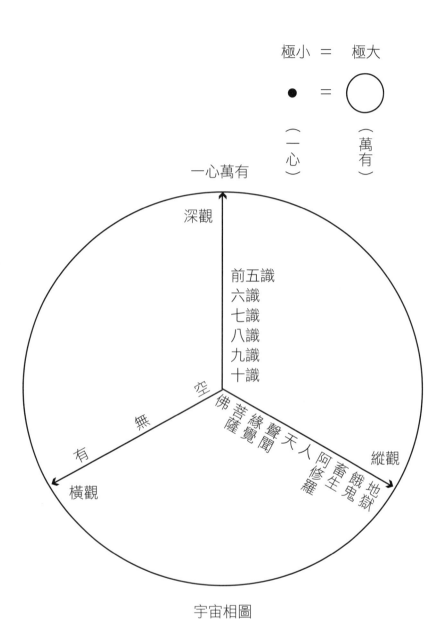

宇宙相圖

叄、佛法人生觀／生命觀

　　佛法裡面宇宙觀最重要，佛法人生觀就是從宇宙觀推演出來的。宇宙觀告訴我們宇宙（自然界）的性質是無常、無我和空。從宇宙觀可以了解，每一個人的狀態其實也就是全宇宙的狀態。每一個人的一念就形成全宇宙的狀態，也就是上面的宇宙相圖，這個宇宙相圖提供三個向度（dimension）的座標。如果此一念之狀態回到座標原點（真如本性）即是成佛。即使沒有「回到」原點，念「轉到」十法界之人間法界，有身體，也有對應的山河大地（身體稱為正報，山河大地稱為依報），總是具足空無有，也具足十識，所以一切都是某種狀態而已。雖現某種相，但都是沒有實體，就是「諸法空相」的意思。

　　簡單地說，佛法的人生觀就是**光明的人生觀**。從思想的觀點來說，佛法是**光明的思想**，由此思想引導而來的人生，就是**光明的人生**，也就是**福慧圓滿**的人生。一般人都追求**幸福的人生**，大概不愁吃穿，婚姻美滿，兒孫孝順，無災無難，就認為人生至此夫復何求，就是幸福人生，但仍不能免除生老病死及輪迴諸苦。一切諸苦的終極原因就是**迷惑**（不明諸法空相），因惑而造業而受苦，這個惑業苦就像一個連鎖反應（chain reaction），如物理的核子彈

原理，中子一連串的連鎖反應，造成一發不可收拾的核彈爆炸。人也是一樣，一念迷惑（根本無明），執著而造業，因造業而受諸苦，連鎖反應一發不可收拾，遂致六道輪迴，無有出期。故諸佛菩薩開示我們，要從根本原因下手，斷除迷惑（即了悟諸法空相），就斷除業的反動之因（下當詳述），就離諸苦，這就是為什麼佛法會讓人離苦得樂的原因，這才是真正的幸福。

同時這個過程也得到大智慧，因為惑就是不明宇宙真相，因而造業所受的苦，不僅包括**事相**的苦，也包括**理相**的苦。理相的苦就是沒有智慧，就是一般人所說的「迷迷糊糊過一生」，也就是不知「生從何來，死往何去」的不安感。所以斷除迷惑，就是了悟諸法空相，就得般若波羅蜜，就像《心經》所說的「能除一切苦」，這是千真萬確的事。所以說佛法會帶來光明的人生——福慧圓滿的人生。不僅有**大智慧**，也有**大福報**，而且還有**大能力**去解救眾生，讓眾生也能離苦得樂，由迷轉悟，這也是諸佛菩薩的大願。

惑業苦是佛法人生觀的總綱領，所以只要斷惑消業，即永離諸苦，徹底解決人生一切問題。

整個佛法的中心思想就是「業說」，一切都是業造成的，命運、六道輪迴、因果報應，都是業造成的。但業說也引起很多的誤解，還有不少人以為那是迷信，或是為了

勸人為善而編造的，這完全是不懂佛法的關係。但是，要完全懂業，知道業的一切細節，乃至全宇宙的業，一定要十地以上大菩薩才可以。在此僅以科學方法，作大概的介紹。

一、「因果報應」是宇宙的定律

佛法的宇宙縱觀，包含了空、無、有三個世界，業的世界就是「無」的世界，也是「量」的世界，或說是量子的世界。業的本意是「造作」，人的一切造作施為，包括身所作，口所說，心所想，即分別形成身口意三業，在無的世界形成量子的振動集團，也就是「量子信息」，這不是「玄談」，這是佛法真理。人的一生所作的業全都記錄在自己的第八識內，八識可以說是檔案中心，在前面已詳細說明過了。這些業有些是**善業**，有些是**惡業**，有些則是非善非惡的叫**無記業**，它們各有不同的頻率與振幅。通常善業感得人天果報，惡業感得三惡道果報，無記業感得礦物等（例如石頭）果報。更高的天或羅漢、菩薩乃至佛都要修行，將業「淨化」才能成就。佛的身體及佛土就是完全清淨的業集團所現，清淨的七識化成佛身，叫光明身，清淨的八識化成佛土（淨土），這是不可思議的情形。

一般凡人一生所作的業，如上所說，都有善、惡、

無記三種，各有不同的頻率和強度（振幅），當壽命終結時，雖然肉身崩壞，他的八識量子信息不會斷滅，此「業的集團」必前往與他**強度最強的**業頻率相同的世界去，這是一種共振，也是同類相聚的現象。如果他的造業情況以善業最強，可能下一世當天人享福報，或仍在人間法界享福報（看他善業的情形而決定）。至於他的業有不善的部分，因強度不是排在第一位，所以果報順位往後排。同理，若一個人作了許多不善的業，譬如我們常說某人很陰險，專門做一些害人的事，嗔恨心又特別強，可能感得下一世當蛇的果報，這不是閻羅王決定的，而是他的業頻率與蛇的業特徵相同，故依同類相聚原則，自然投胎至蛇的世界去。這就是自報自受，**是一種很客觀的業的法則，就像自然科學的運動定律一樣**，而不是編造出來，用來嚇壞人鼓勵好人的。下面詳細說明這個法則。

業的運動的法則——原動與反動

關於業的運動，可能以後會出現一種科學性的描述，可以稱之為「量子業動力學」（quantum karmadynamics）。在物理上的量子電動力學（quantum electrodynamics），探討電子的運動，量子業動力學則探討業的運動。當然目前還沒有發展出這個學門，可能將來會出現。再次要提醒的是，佛法不是科學，但如一開始的說明，探討或呈現佛法

有所謂的科學（或物理）的approach。這種佛法的科學化或「科學表象（in science representation）之佛法」是一種方便，在科學昌明的現代，似乎有其必要。

如前所說，在物理上最接近業的觀念是波函數（wave function）或量子態（quantum state），用最近流行的術語，可以說是「量子信息」。在量子論，此狀態函數的演化（evolution）要遵循一個特定方程式——薛丁格方程式（Schrödinger equation）。但佛法的業，沒有辦法用一個固定的方程式來描述它的運動。物理學家可以用方程式來知道量子態的演化，但是量子有其不確定性的現象，例如量子態測量的結果，有不可預知的性質，亦有物理學家主張此性質與人的意識有關，這是物理上最接近「一切唯心」的觀念，但也只是剛摸到一點邊而已。最徹底的宇宙觀就是佛法的唯識宇宙觀，在前面已詳細介紹過了。

業的運動固不能用物理之方程式來描述^{（註）}，但亦有三個原則，即**原動、反動與慣性，而反動的契機就是因果報應**，下當詳述，其中借用了一些古典力學的名詞，有點相關，但意義並不完全相同。

（註：人的邏輯推理能力有其限制，這在學術上已變成定論。例如在數學上有所謂哥德爾不完備定理，證明「有些數學定理不能用邏輯推理證明之」。數學之理仍

需靠洞察力或直觀。而在物理上，英國物理學家潘洛斯（Penrose），已開始討論新的物理必須能探討意識的問題，需引進「不可計算性」的觀念，故用數學方程式來計算，只能探討甚為有限的範圍。）

古典力學中的因果關係

因果關係是物理學中一個很重要的法則。根據古典力學，一個物體的運動情形可以很簡單地說明如下：如果知道起始條件（intial condition），這是「因」，加上邊界條件（boundary condtion），這是「緣」，利用運動方程式，就會得到運動的結果，這就是「果」。

先演示一個非常直接的因果關係，此即大家耳熟能詳的牛頓第三定律：「有作用力就伴隨著反作用力，大小相同方向相反。（For every action, there is an equal and opposite reaction.）」譬如你用手掌去拍打牆壁，用力越大，牆壁的反作用力就越大，手就會越痛，這就是某種形式的「自作自受」的「因果報應」，即自己的行動（action）招來反動（reaction）的果報。但是要注意的是，牛頓第三定律是適用在「兩個」物體之間的「交互作用」，單獨一個物體不能跟自己產生交互作用。

但是因果報應往往迂迴曲折，而且需要時間，就像現在要演示的較複雜過程：想像你在一個相當狹窄的房間

內，面對一面牆壁，將球丟出去打在牆壁上，球會反彈回來打在（譬如說）你的胸部，但不會打在你的背部。但在適當條件之下，這個從牆壁反彈的球打到你後面的牆，又反彈回來，結果就可能打到你的背部，這當然要假設碰撞都是彈性碰撞，所以過程中動能都不會減少。如果在你四周安置很多面牆，且牆之間不一定互相垂直，加上地板與天花板的幫忙，這全部的壁及其相關位置就構成邊界條件（緣）。將球以某速度與某角度丟出去（這是因），理論上可以打在你身體的任意部位，這就變成「果」了。這個簡單的理論模型可以用來譬喻佛法的因果報應，即因果報應絲毫不爽，有因就有果，而果報的細節與緣有關。例如剛才舉的力學例子，不同的邊界條件（緣），球會打到身體不同的部位，所花的時間有時長有時短，但終究球還是打到你的身上，這是逃不掉的，佛教說的因果報應，就像這樣。球反彈回來打到自己，就相當於**業力的反撲**，使自己招致果報。

以上用古典力學的模型演示了因果報應。但佛法因果報應的道理遠遠超過這個簡單的模型，目前的科學還無法了解，現在只能藉助於一些物理上的觀念來幫忙說明。

剛才說的力學模型其運作的場域，是在有的世界時空座標當中，但業力形成的因果報應，其作用發生在八識無的世界，複雜幽深，但在有的世界所顯現的結果，卻可以

用簡單的話來說明其大要：「善有善報，惡有惡報。」或「前世殺業重，今世得短命報」等等，變成人人易懂。話雖如此，因果報應有時迂迴曲折，甚且關連到前面好幾世（而不單是前一世），非大菩薩不能窮究其奧秘。

現在討論佛法因果報應的機制。**業是造作，是一種行為，也是一種運動。**因為是運動，就有運動方向。佛法揭露了一個宇宙很神奇的性質：業的運動必然產生方向不同的反動，有點類似有action必然伴隨reaction，但意義不同，**因為反動是業原來的行動（稱為原動）「自己」造成的，與原動同時發生，且不假他物，**這個意義與牛頓第三定律非常不同。這種運動本身造成（或含藏）反方向運動（稱為反動）的性質，甚至適用在真如本性本身，這已在宇宙橫觀中說明過了：真如本性本身是絕對動，同時發生反動的契機，此即相對動，這就是發生宇宙、產生萬法的根本原因。

剛才說過每造一個業就有相應的運動，稱作原動，有原動就有反動，**而反動的契機，就是因果報應，或稱業報。**但是業報需要時間，所以原動瞬間的反動，精確地說應稱作「反動之因」，而內含在原動裡面，**與原動同時造成。**也就是說，在運動（原動）的同時，就包含了反動的因在裡面，經過了一世（或若干世），反動之果會呈現，此時業報才現前。例如，布施會致富，我們這一世很富

有，是因前世有布施造成的。又如殺生會短命，這一生會短命，是因前世殺生太厲害了。布施為什麼會致富呢？如果以錢財或物資來幫助他人，就存有要他人「富有幸福」的意念，這是一個善業（善的意念），這個善業的反動，就會形成下一世富有的命運出來。殺生會短命的道理也是一樣。殺生就有一個要對方短命的意念，這是一個惡業，它的反動，以後會形成不好的命運，會形成一個很慘、短命被殺的環境出來，而得到短命的果報。這都是業的反動所形成的必然的結果。而這種業的運動與形成的果報，都發生在每一個人自己的八識之內，例如某甲被某乙殺了而得短命報，而這兩個人都是某甲「**自己八識**」內的相分，所以某甲得到果報，真的是**自作自受，自業自報**，這是很深的道理，要利用八識的觀點，才稍可了解。

所以殺生得短命報，布施得富有報，**從自然界原則來說，是業的運動性質造成的必然結果。如同物理上物體運動的原則一樣，有原動就有反動，是一個客觀的自然界現象。但是如果從人的禍福立場來看，就變成「善有善報，惡有惡報」的因果報應出來。**就是因為與人的禍福有關，釋迦牟尼佛要我們眾生多行善事，莫作惡事，這是世尊的大慈大悲。祖師亦有言：「**諸惡莫作，眾善奉行，自淨其意，是諸佛教。**」

由以上的說明，就可以了解因果報應是由業的運動造

成的，這其實是很深的真理。一般人常把因果報應掛在嘴巴上，說得倒很輕鬆，變成口頭禪。也有人把它看成「只是」道德勸說，或是宗教的教條，其實都沒有真正了解裡面的道理。

以上是用物理學的觀念來說明因果報應的道理，也可以用生物學的觀念來說明（自古以來這是很常聽到的講法）：八識場域比喻為一塊田地（所以常說八識田中），今天（比喻這一世）種下一個芳草種子（比喻善業），隔天（比喻下一世）長成一株芳草（比喻得善報），這就是善有善報。同理用毒草的比喻也可以說明惡有惡報的道理，這樣的比喻淺顯易懂，但無法讓人了解業的運作法則。

學佛要深信因果──兼論命運

由以上的說明，可以了解業的運動是一連串且不停的原動與反動交互進行的過程，就不停地產生因果報應，這是業的運動法則，不是上帝，也不是閻羅王決定的，而是所謂的自做自受。有一句話說，當一個人死後，「萬般帶不走，只有業隨身」，就是這個道理。業的運動如同波動洪流，一出生即有一個方向，是以前所造諸業之集團形成的。有人出生於好家庭，有人出生於不好的家庭；有人天生聰明，有人則資質駑鈍，皆是前世（累世）之業造成

的。這就是一般人說的命運，但是所謂的命運並不是固定的。由於我們這一世也在不停地造業，因此這個命運流水的方向會發生或大或小的變動，至於變動的程度要看造業的強度而定。一般平庸之輩，命運流水方向變化不大，但是大好大壞之人，方向的變化就很明顯，因為所造之業強度大，而很快地改變了原來的方向，這就是現世報，都是業造成的因緣果報。

　　一般對命運的看法，最極端的是偶然論與必然論（即定命論）。偶然論認為一切事情的發生都是偶然，沒有因果關係。必然論認為一切都是註定的，認為命運是固定的，無法改變，這都違反佛法的因果說。茲舉一個災難的例子，來說明一般人常有的誤解：例如有一個人經過一個工地，突然間一個重物掉下來，把這個人砸死。有人會說此人運氣實在太差了，如果早一點或晚一點通過那個地方，就不會死了，他實在太倒霉了。也有人說這是在劫難逃，他註定要遭此大災難，他一出生，這個災難早已「等著」他了，他一定逃不過。這種說法當然不是沒有道理，因為惡業引起惡果，災難可能是前世惡因造成的。此人遭橫死是他的業**引來的**，而不是**偶然間**他去**碰到的**，如果一個人沒有橫死的業因，發生水災他不會溺死，發生火災他不會被燒死。所以偶然說是不對的，而註定必死也是不對，因為這個人如果平時有唸佛、唸咒，或做了很多善

事，就會消業，這個災難可能就完全解消了。所以一切事情的發生，不是偶然，不是定命，而是因果關係造成的，故我們學佛一定要深信因果。

如何消業

所以對命運的看法，偶然論與必然論（即定命論）都各走極端。每一個人都俱足空無有，在有的世界（現象世界）或說果報的舞台上來看，可以說有偶然的成分，也有必然的成分。從「業」的觀點來看似為必然，因為業是計畫藍圖，似乎要發生什麼事情早已經計畫好了；但是從「空」的立場來看也可以說是偶然，因為一切皆空，故業性亦空。空是沒有一定的實體，所以業會不停地變動，也就是說可以消業改運，而這一切都是在因果報應的法則下運作的。

消除惡業的原理就是在業報還未現前時，去造高強度的善業或淨業，則其反動之善業在很短時間內**改變業力方向**，這就解消了本來會有的惡報，這仍然是因果報應的道理。

消除業障的方法可以分成自力與他力（或兩者兼備）。自力就是自己修行或做善事，他力是念佛菩薩名號或持咒，仰仗佛菩薩慈悲加持來消業障。歷史上最出名的以積極行善而改變命運的例子就是明朝的袁了凡，很多人

知道他的故事，不知者可以自己上網查看，在此不贅述。他將自己從甘於宿命到改變命運（增壽添子）的奮鬥經歷，寫成一本傳世之作──《了凡四訓》，在歷史上感動並影響了包括曾國藩在內的諸多名流大儒，以及一般社會大眾，迄今仍是行善改運的最佳典範。

另外懺悔也可以消業障，如《觀普賢菩薩行法經》所說：「一切業障海，皆從妄想生；若欲懺悔者，端坐念實相；眾罪如霜露，慧日能消除。」其實這種懺悔不是表面上的發慚愧心，是深入到八識的真懺悔，是以自己的自性光明照破了黑暗的業障。要特別注意其中的「端坐念實相」這句話，這是坐禪的功夫。所以修行即是真懺悔。

定業亦可改

一般常說「定業難改」，但是難改並不是絕對不能改，看每個人的發心或願力及努力修行的程度，或感得佛菩薩相助，定業仍可改。何謂定業？例如每一個人都有一定有限的壽命（頂多也是一百多歲），會有老死，或一個人是男人（女人）終其一生必都是男人（女人）等，這是很難改變的，但非絕對不能改，例如道家的修行，可以改變肉體成氣身，不受地球物理定律限制，壽命也可以長到不可思議，而佛則是無量壽。一般人雖沒什麼修行，但是只要虔誠唸佛菩薩的名號或咒語，亦可消災延壽。又如要

轉女成男，可以唸觀世音菩薩的「十一面觀世音菩薩隨願即得陀羅尼」（詳見《十一面觀世音經》），也可以隨願即得所有你想要的東西，全看你的心念是否精誠深切到感應菩薩的願力，甚至於可以與觀世音菩薩一樣有各種神通變化。藥師佛十二大願中的第八大願，就是要滿足眾生轉女成男的願望（詳見《藥師琉璃光如來本願功德經》）。聽起來很不可思議，但只要曉得八識的道理，就知道八識頻率改變（佛菩薩的加持，頻率會改變），習氣就改變，DNA或細胞等也都會發生變化，因為這些東西只不過是八識的相分，所以八識頻率改變，當然相分也會改變。因為業性本空，所以再深的業障皆可消除。因此念佛、念咒非常重要，靠佛菩薩的慈悲願力，會消除我們的災難。其實如果能夠感得佛光三照，當下會解除一切業障成佛。這都是佛法因果報應的道理，不是偶然也不是定命（宿命論）。成佛也是因果，因一切業皆淨化而成佛，而「常樂我淨」，稱作涅槃四德，就是成佛後的果報。

誰在受報

前面詳細說明了因果報應的道理，而這個道理也完全符合佛法的根本原理——三法印。因為業不停地在運動，這就是一切在動（諸行無常），沒有實體故可以加以改變，這就是一切皆空。另一法印叫作一切無我，現在討論

因果報應是否符合一切無我。其實一切無常，一切皆空，就是一切無我了，但是很多人認為六道輪迴的因果報應，有一個受報的固定實體作為主體，或稱作靈魂，以為這是一個在輪迴中不變的「我」，就是這個主體靈魂或「我」在接受因果報應，如此一來就違反了一切無我（沒有一個實體我）。現在的問題是：如果一切無我，那到底六道輪迴中的因果報應，是「誰」在受報呢？答案是「業集團」，但它不是一個固定的實體，下面再詳細說明。

因果報應是業在運作，但後果必然由個人來承受

回到因果報應的主體這個議題。其實因果報應的主角是業，也就是生命量子信息，運作的空間是八識中無的世界，所以因果報應是認業不認人，但後果必然由個人來承受，這個道理有點深奧。

先舉一個簡單的例子作為比喻，這就是每個人的身體。身體分成各種不同的部位、不同的系統、器官等等，這都是根據八識的計畫「分業」出來的結果，而有不同的構造與功能，但只要其中之一出了問題，「**整個人**」就會出問題。就舉重要的五臟來說，任何一個臟器出問題（雖然其他臟器沒有問題），比如說心臟衰竭了，這個人就死了。所以說人的一個臟器出了問題，其後果由「整個人」來承受。

上面舉的例子淺顯易懂，因為心臟、人體都是有形的物質。但因果報應的主角——業，是無形看不見的量子信息（就像我們看不見的精神、意識一樣），而其中的「某一個」惡業所招致的業報，卻由整個業的集團來承受，善業亦如此，而這個集團透過八識相分與見分，在有的世界變現出有感受，有思想、意識，有身體的某個人，結果就變成「這個人」遭受了業報。也就是說，八識的業集團在無的世界所承受的因果報應，透過分業的變現作用，轉化成有的世界的一個人在承受因果報應。這個人經由業集團的反認作用，產生了自我意識（七識），而體會與經歷了因果報應中的苦與樂以及禍與福，業的運作就這樣地由無的世界轉到有的世界，而具體地在現實人生中落實了因果報應。

「公司與股東」的比喻

現在再用公司與股東來做比喻。我們只要動一個念頭，就造一個意業，身所作、口所說，就造身業、口業，都不停地在造業。每個人的八識量子場域承載著無始以來無數的量子信息（業），一個業就比喻為一個股東（其實有無數的股東），業的集團變現為一個人出來，就像股東的集團成立了一個公司。所以公司就比喻為某個人。公司有名稱叫甲公司，就像人名叫張三。這些股東有些是好的

（就像善業），有些是壞的（就像惡業），有些無所作為（就像無記業）。

假設每個股東在同一個公司名下，利用公司的資源，各自經營事業，好的股東賺錢，壞的股東虧錢，則其損益由整個公司來承擔，這就如同善業招來善報，惡業招來惡報，都由這個人來承受一樣。

但公司的經營不可能永續，到最後走下坡了，比喻人進入老年，最後公司倒閉了，硬體設備不再維修也毀了，比喻人死了，肉體崩壞了。公司雖倒了，但股東還繼續存在，這就像人雖死但無始以來所造的業不會消失。股東再重新組一個公司，有了不同的名稱，就稱之為乙公司，就如同業的集團（八識）在人死後，變現出另一個人，也就是轉了一世，名字叫做李四。公司名號只不過是個空名，硬體設備（如建築物等）只是因應公司的經營而建立，而經營整個公司的執行者是股東。類似的道理，一個人的名字只是空名，身體只是因應業集團的計畫而建立（稱作變現），生命的運作是業在執行。

現在問題是張三李四是同一個人嗎？當然不是！這就如同說甲跟乙已經不是同一個公司了，所以沒有一個固定不變的實體我。話雖如此，這兩者之間當然有關。可以說乙公司是甲公司的前身，同理，張三是李四的前身。

雖然新成立的公司已不再是原來的公司，而且公司

的宗旨、經營目標與擁有的資金都不一樣，就像張三李四有不同的身分、命運，甚至性別，但「似乎」股東集團還是原來的同一批人。這就像張三李四不是同一人，但八識業的集團「似乎」還是原來的集團，而八識一般人叫做靈魂，這是因為人死後去投胎的是八識（有關輪迴轉世的過程，下面講十二因緣時再作詳細說明）。如此一來，好像變成又有一個固定的靈魂實體，可稱之為「靈魂我」，在輪迴轉世了，但這又違反了一切皆空以及無實體我（一切無我）的佛法根本原則。

　　八識業的集團當然不是固定不變，因為我們每分每秒都在不停地造業，業集團的內容當然不停地在變化，就好像公司不停地有新股東加進來，其理甚明。除此以外，每一個業也不是固定的東西，也會不停的演化／變化：從古典力學的觀點來說，業像物體會不停地運動，方向也會變化。從量子力學的觀點來說，業是量子信息，都在做某種頻率的量子波動，且頻率也會發生變化。從生命科學的觀點來看，業像某種生命體，會不停地演化。從佛教界傳統的譬喻來說，八識像田地，業像種子，種子如果發芽成長，就說業種起現行，其實這也屬於生命科學的看法，亦即**業像一種生命體**。也有人用文學的語言來比喻說業像風或流水。總而言之，業的集團無法固定不變，所以說我們在輪迴轉世當中，看來似乎以八識／靈魂為主體，但那不

是一個固定不變的實體。

當我們在這一世得到一個善報（惡報）時，如果不是現世報，可以去追究到底是哪個善業（惡業）的反動在招來果報的，然後再看當時那個善業（惡業）是在哪個業的集團內，而彼時此業集團（八識）所變現出來的人若叫張三，則說前世的張三做了某事，招致今世的某人（譬如李四）得到或善或惡的果報，這就是穿越時空的因果報應。也就是說，前世叫張三的人造了某業，致使今世的李四得了某個果報。所以因果報應當中，雖沒有一個固定的實體或說固定的靈魂作為主體，但在無限的生命長流中，在無盡的業集團的連續演化中，業的運作，總會透過某個業因與對應的業果之間的關係，而串連了不同時空的兩個生命體，形成了前世因今世果的因果報應出來。

以上的討論都假定在人間世界中輪迴轉世，但有時會落入，譬如說，畜生道，無論如何，因果報應的道理與法則都是一樣的。

最後引兩段佛經的話作為這個小節的結論。先再一次引用前面已說過的《解深密經》的一段話：「**阿陀那識甚深細，我於凡愚不開演，一切種子如瀑流，恐彼分別執為我。**」其中阿陀那識就是阿賴耶識，也就是八識。所以佛在此表明了八識含藏業的種子，業的運動如同瀑流，而此識甚為深細，如果講給一般大眾聽，又怕他們把生死流轉

中的八識執著為一個固定不變的「實體我」（或稱「靈魂我」），這個議題剛才已經詳細討論過了。

另一段話出自《大寶積經》：「假使經百劫，所作業不亡，因緣會遇時，果報還自受」。這段話警戒我們不可以隨便造業，這就是一般人常說的：「因果報應，絲毫不爽。不是不報，時候未到。」

二、跨越三世的生命科學
——生死輪迴法則之十二因緣

「生從何來，死將何去」一直是困擾人類的一大問題。自從科學唯物主義興盛以來，很多人把生命等同於物質肉身的存在，就認為這個生命只存在於有限的期間（稱為壽命），死後甚麼都沒有了，而不知生命的量子信息永遠不斷地在運動與演化當中，**死亡只不過是生命的活動轉成另一個方向罷了**。這個道理在佛經所說的「十二因緣」中就已揭露出來，後當詳述。

業力會自尋出路（Karma finds a way）

電影《侏儸紀公園（Jurassic Park）》裡有一句常被引用的經典名言：「生命會自尋出路（Life finds a way）」，這句話用來描述在生物學上，生命的活動會突破各種限制，而

生意盎然地遍布在世界上每一個角落。微生物學家貝澤林克（Martinus wllem Beijerinck）就曾經說過：「到處都是生命，不同的環境有不同的生命。」

但是上面所說的生命都只限於生物學上的生物，而前面就已說過，佛法認為一切東西（包括生物、非生物）都有生命與心靈（即八、九、十識），而業力可以變現出一切東西以及一切世界（十法界），故可說「**業力會自尋出路**」（Karma finds a way），這樣的深度與廣度就遠遠地超越了當今的生物學。

現在簡單地論證一下為何所有的存在體（一切東西）必然都有八、九、十識：十識是覺知能力的本體（覺性／佛性），同時也是發生萬法的能力本體（法性），以物理名詞來說就是宇宙的能源，沒有它，任何存在都不能夠成立。而九識是發生萬法的根本原因，同時也是發生萬法的最原始的業，沒有它，也沒有任何存在可說，所以任何東西都具足九、十識，這也是宇宙的全像（全息）性質。最後任何存在體都是業的變現，故都有八識。而存在就一定有自身的運動，所以會造業。另外，任何存在體都有意念，而意念就是業。為甚麼說都有意念？因為**存在就是意念**，一個東西它有意念要繼續存在。所以宇宙中（包括整個宇宙）一切東西都是活的，都有生命、心靈。至於會不會發展出七識與前六識，要看該存在體分業的情況，或意

識複雜化的程度而定。其實前六識在六道中也不一定都有，例如無色界的天人根本沒有物質性的身體（有色心而無色身），所以不需要前五識，他們之間的溝通都是心靈感應。

如上的論證，大至整個宇宙，中至人類，小至基本粒子，都是業力變現出來的，都有其八識，都是「生物」，都有生命與心靈。所以在佛法的立場，所謂的生物與非生物，有情與無情，都是人類以其偏狹固執的立場硬是區別出來的。十法界所有的**存在體**，不管多大多小都是**生命體**，都是各種業集團的量子波動所形成的影子，所以上述的貝澤林克的那句話應改成：「所有存在的東西都是生命體，不同的因緣使得業力變現出不同的生命體，而充滿了十法界每個地方。」

「殺生」或「不殺生」的意義

在此順便討論有些人（包括佛教徒）可能會產生困擾的問題：何謂「殺生」或「不殺生」？由以上的說明，可知宇宙任何東西或說存在體都是活物，都有生命，所以殺生的「生」，就應該包括「一切東西」，如此則殺生與不殺生的意義為何？要如何判斷有沒有犯殺生戒？不僅對**在家佛教徒**，對一般社會大眾，這都是重要的問題，有必要在此做一下探討與釐清。

人活在世上，一定要有飲食，否則無法生存。而為了取得食物，為了保障生命能夠存續下去，免不了要造殺業，這就是人的業障（色界天人以禪悅為食，無色界天人以意識為食，根本沒有這個問題），可以說只要是六道輪迴（特別是天道之下的五道），冤冤相報何時了。既然如此，那要如何遵守「不殺生」的戒律呢？

　　不殺生是在家佛教徒五戒中的第一戒。這個「生」，通常指的是有生命的東西，一般人想到的都是牛羊豬雞等這些動物。其實細菌、病毒也都是生物，可是人類為了健康與生存，經常有必要去消滅這些生物。另外為了預防傳染病，有時必須消滅蚊蟲等，這都是為了生存而不得不做的行為。從表面的行為來看，這都是殺生，但會**發生功德**，因為這樣的行為讓我們可以健康地生存下去，可以做對社會國家有意義的事情。或者可以安心去修行，進而明心見性成佛，廣度眾生。所以這些行為不能算是違反殺生戒。如果認為這是犯戒行為不能去做，那人類就無法生存下去。

　　所以**「有功德」，就不算殺生，亦即就不算犯殺生戒，這是判斷是否犯戒的大原則。**

　　根據這個原則，漁夫捕魚，一方面是為了維持他的生活，一方面提供食物給社會大眾，這就發生功德，所以不算犯殺生戒。我們的社會是大家互相幫助，過集體生活

的地方，每個人以自己的功用來貢獻社會，維持社會的生存。漁夫所分到的功能是捕魚來供應社會的需求，讓一般人有營養的補給，可以做一些造福人群社會的事情，或甚至修行成佛。如此一來，這個功德可大了，這些魚類已經轉生了，牠們的功能已經昇華了。在家佛教徒對不殺生應該做如此體會，如此各行各業才能各安其位，為人類社會服務，也才可以心安理得地皈依佛門，在人間守五戒修佛法。但是要小心的是，有一些人以釣魚為樂，這不是為了生計，所以完全沒有功德可言，這就犯了殺生重罪。另外再舉一個例子，醫生為了發明新藥，以白老鼠做實驗，這是為了要救更多人，所以就發生功德，這也不算殺生，就是說不算犯殺生之戒。

因為所謂的生物與非生物沒有根本的差別，所以上面的討論亦適用於非生物上，現在舉鉛筆為例說明之：**鉛筆還沒使用完畢就把它丟掉，就是殺生，就犯了殺生戒。**因為**鉛筆也有它一期的壽命**，它也有使命要讓人拿來書寫，如果還沒有完全發揮它的功用就丟棄，等於斷其壽命與使命，這就是殺生。所以**浪費就是殺生！**這個道理不僅佛教徒，其他的一般人都不可不知。像剛才說的釣魚取樂，以及現在說的鉛筆沒寫完就丟，都是浪費了生命，都是殺生。所以像浪費食物這樣的行為都算殺生，大家不能不警惕。

至此我們可以瞭解殺生或不殺生應做廣義的解釋：任何一個存在體／生命體，如果剝奪其存在的權利，使得他（牠或它）的功用不能發揮或使命無法達成，就稱為殺生，或說犯了殺生戒。如果犧牲了某存在體／生命體，但能延長其他更多（或更高級）的存在體／生命體的存續時間，或提升了其他存在體／生命體的善的功用，這就發生了功德，就不算殺生，或說不算犯殺生戒，因為該存在體的功用已經由轉化而提升了。

　　以上說明了不犯殺戒的廣義的意義。雖然因為職業的關係，不得已造了殺業，但是有發生功德，對於在家佛教徒，就不算犯殺生戒。話雖如此，因造殺業而產生的業報仍然必須承擔，也就是說還需付出代價，這個道理不可不知。

　　人類到現在還是肉食性動物，出家人之外的素食主義者目前仍占少數。因為要吃牛豬魚等肉，自然就有養殖業與屠宰業，提供這些肉類。宰殺這些動物就發生殺生行為，引起對方的痛苦以及瞋恨心、報復心，這在意識分化越複雜的生物（俗稱越高級的動物）就越厲害，所以果報也越嚴重，而對植物而言，就比較沒有這個問題。所以佛教勸人多吃素少吃肉，以減輕殺業招來的果報。

　　現在回到生命如何流轉這個主題。前面已詳細地以多種角度、多種立場探討了業的作用，可知業不是抽象的觀

念死物，不僅僅是一般人掛在嘴巴的口頭語，也不僅僅是很多佛教學者做佛學論述中常引用的一個名相。

業的觀念甚深難解，任何人類的語言與概念都無法掌握與描述，這讓人想到量子力學。諾貝爾物理獎得主費曼（Feynmann）曾說過：「物理學家都會做量子力學的計算，但沒有人真正懂得量子力學。」量子的觀念只能用數學表現，它超越常識，顛覆了邏輯，這樣的量子觀念無法以平常的思維方式去理解，難怪費曼有此慨歎。業的觀念更是如此，超越了人世間一切概念思維（即第六識），一定要深入八識，進入無的世界才能知道業的真相，我們凡夫眾生只能藉由各種知識上的模型（古典力學、量子力學、資訊科學、生命科學），或各種譬喻，想辦法去揣摩體會。所以我們可以模仿費曼而說：「每個人都在說業，但沒有人真正懂得業。」當然成道的聖者或大修行人除外。

為了說明生命的流轉與輪迴過程，此處再特別強調：業是活活潑潑有生命的東西。即使站在資訊科學的立場，可以把八識比喻為電腦的總體資料庫，無始以來我們所造的業都變成記憶貯藏在八識內，但是這種記憶不像硬碟裡靜態的數位記號，那是靜態記憶，而是有生命的動態記憶。有一個很好的譬喻，那就是電影《哈利波特》中霍格華茲城堡內部牆壁上的畫像，像活人一樣會有動作、會講

話，而不是靜態的無生命圖畫而已。

　　所以業是像生物一樣的東西，會運動，會演化。如果用生命科學的語言來譬喻，業像種子，會發芽會成長。業也像無形的細胞，而八識的業集團就像無形的胚胎（稱為業種），在條件適合時，無形的胚胎會轉化成有形的胚胎，而發展出各式各樣的生命體，這個過程在下面講十二因緣時再詳細說明。

　　我們每一個意念都是業，都會透過無的世界進入宇宙中，在複雜的因緣網路中，可能進入有情界，可能進入無情界，**到最後都會影響整個世界**。所以如果每個人心存善念做善事，這個世界會變得更美好，這是真理，是客觀的事實，而不是主觀的期待。

　　現在開始說明業力如何找到破口，自我創造各式各樣的生命型態出來，而使生命的長流永恆不竭，但在此只專注於與我們人類最有切身關係的六道輪迴這部分。

業集團運動的法則——原動、反動與慣性

　　在介紹十二因緣之前，先說明一下業集團在六道輪迴（生命流轉）中運動的法則，即原動、反動與慣性（稱為運動三原則），所以這就要用到物理學的概念。原動與反動的概念在前面講因果報應時已說明過了，為了闡述生死輪迴的道理，還需加上慣性的概念。在此「原動」代表

此生之生命活動，從生到死的過程，一般稱為陽間。「反動」即反方向從肉體死亡後至投胎前的生命活動過程，一般稱為陰間，佛教稱為「中陰世界」。「慣性」即是業集團（八識）要從反動再轉為原動的習氣（習慣），亦即**輪迴轉世（死後再生）的習氣**。就這樣不停地原動、反動、慣性、原動、反動、慣性、原動……，一直進行下去，變成在六道中生死輪迴不已。

不僅人的命運與生死輪迴，是來自於業的運動，是業的運動遵守三原則（原動、反動、慣性）的結果；同理，宇宙的命運（就是物理上講的宇宙演化）與宇宙的生死輪迴（就是佛經講的成住壞空），也是業的運動，依據運動三原則造成的。

古典力學的一個模型——溜溜球

從表面的過程來看，六道輪迴有點像古典力學中，一個物理系統不停地作週期性運動，當然其意義非常不同。

首先演示一下溜溜球的運動過程（溜溜球的運動可以先看一段教學示範影片，網址為https://www.youtube.com/watch?v=ht4-PD8XtTM），這是所能想像出來的，能夠類比，或說拿來象徵生命流轉的最佳物理學模型。很多人都知道溜溜球，也有不少人玩過。被繩子綁住的溜溜球從靜止狀態往下滾動掉落，由於能量守恆（國中生都知道

的重力位能轉為動能），就越滾越快。當落至最底端時（即繩子盡頭處），此時雖仍被繩子綁住，但力矩消失了，由於角動量守恆，所以溜溜球仍然維持原來的旋轉速度，這稱為**慣性定律**，也就是**牛頓第一定律**。慣性定律就是說：「當沒有力時，物體的動量守恆，即**移動**的速度維持不變；若沒有力矩時，角動量守恆，即**旋轉**的速度維持不變。」這就是說一個物體如果不去干擾它，就會一直維持原來的運動狀態。這種「物體會維持本來狀態的趨勢（tendancy）」，就稱為「慣性（inertia）」，而慣性程度的大小就稱為慣性質量，簡稱為質量，就變成大家非常熟悉的一個物理名詞。

回到主題。剛才說到滾落至繩子最底端時，此時力矩消失了，由於慣性的關係，溜溜球繼續維持原來的旋轉速度。又因為不能再往下掉了，所以**在旋轉中的溜溜球就只能沿著繩子的另一邊滾動上去**，這就是「**慣性**」造成的結果，這可以說是「物體習慣上的性質」。在說明生命流轉的原理時，就借用慣性這個名詞，來比喻**生死輪迴中從反動變成原動（死後再生）的「習氣」（習慣）**。旋轉上去的球會越滾越慢，最後靜止不動，然後再往下旋轉掉落……，這樣不停地作週期性運動，這就譬喻為不斷的生死輪迴過程。

溜溜球反覆不停的週期性運動，遵守的是牛頓運動定

律，這是**物理學運動的法則**；而我們這個生命體在六道中生死輪迴不已，遵守的是**佛法業的運動法則**。所以只要是**運動，都一定有運動法則**，前面就已詳細說明過佛法中的一個範例——因果報應。現在將這兩種運動的法則及由此顯現的現象做一個對照，來幫忙了解六道輪迴的道理。

溜溜球不停地旋轉，就像我們生命之輪永無止息。球旋轉上去的過程比喻為出生以後的生命過程，這是往上的運動，稱為「原動」，這也可以說是「正」方向，一般俗稱陽間。當到達最高點時靜止不動，比喻為生命到了盡頭而死亡，此時原動停止了。然後球開始往下掉落，所以此時運動就換了一個方向，這是往下的運動，就稱為「反動」，也可以說是「負」方向，這比喻為死後進入中陰世界，俗稱陰間。到了最低點，即繩子放盡時的最底端，球的質心瞬間靜止不動，此時反動停止，這就相當於進入「無明世界」變成「業種」（下當詳述）。接下來**慣性**使得球再沿著繩子滾上去，又變成原動，這就比喻為業集團的**習氣**使得業種去投胎，變成出生以後新生命的活動，當然根據業的情況，可能是某個人或某個動物等等，這個隨業受報的道理，前面已詳細說明過了。

在剛才所舉的力學模型中，溜溜球的一方面旋轉，一方面又往上往下不停地來回運動，比喻為生命的活動與流轉的過程。溜溜球之所以會不停地作這樣的反覆運動，

是因為有**繩子綁住**；類似的道理，我們之所以會不斷的在六道中生死輪迴，是因為被「**我執**」綁住，所以繩子譬喻為我執，我執就是「生命的鎖鏈」，將我們「鎖入」生死輪迴中，而不能解脫，這就像溜溜球被繩子「鎖入」往返不已的上下運動中，而不能自由自在的運動。羅漢已破我執，所以已脫離六道輪迴，但仍有法執未破，還未證入真如本性。

十二因緣

現在開始詳細介紹生死輪迴的過程——「十二因緣」，這也可以稱作**佛教生死學**。十二因緣又稱十二緣生，或十二緣起，或十二有支。這十二緣起在因果相續上，是「無明緣行，行緣識，識緣名色，名色緣六入，六入緣觸，觸緣受，受緣愛，愛緣取，取緣有，有緣生，生緣老死」。現在分別說明如下。

1.無明：煩惱妄念，障蔽覺明

一般所謂的無明，其義為不覺，就是說沒有覺悟到佛法真理（諸法實相）。但在此處「無明」代表「無明世界」的狀態，意義不同。如果會錯意，就會將十二因緣解釋為「因為有無明，由此迷惑而造業，起煩惱而受苦」的過程。這樣的解釋也是符合佛法，不能說不對，但只是表

面上、觀念性的講法而已，並不是佛說十二因緣的本意。其實十二因緣和我們的性命有直接的關係，也就是說，十二因緣回答了「性命如何發生，如何隨業受報，如何投胎轉世，命運如何形成」這些問題，這才是釋迦牟尼佛所開示的十二因緣這個真理的內容。

無明世界──業種的世界

我們都說樹的生命肇始於一顆種子（當然要植入土壤中，還要水與陽光這些助緣），人的生命發端於一個受精卵，但那都不是生命真正的源頭，**其實生命肇始於無的世界（或說是無明世界）的業種。**

業種的構造──業因與業行

業本身沒有力量，但會自己定運動的範圍，把真如本性裡面的能力，用業本身的範圍包覆起來。被包在裡面的是「業因」，在外面的是「業行」，也就是說，業行將業因包在裡面，這就形成了「業種（業的種子）」。業的種子才有力量發生行為出來，叫作「業力」。下面詳細說明業因與業行。

「業行」就是業的運動範圍，決定了這一世到人間活動的範圍。例如我們在人間活到多少歲數，要做什麼事業，跟誰有夫妻緣，生幾個兒子、女兒，會有怎麼樣的命運，這是業行決定的，在出生以前，大概就已決定好了。所以業行又像一個「藍圖」，大概出生後的一生的命運，

事先已經由藍圖設計好了。**這個有如一個濃縮的藍圖的業行也叫做「宿業」**，是無量劫以來所造的業的總和。

　　真如本性本身是空空洞洞的東西，比喻為有無窮的能量。如果這個宿業要轉生到人間，根據剛才所說的業行的計畫，**就會從真如本性「帶量」出來，形成「業因」，所以業因就是執行業行的計畫所需的定量化的能量**，這樣才有能力執行這個計畫。這時業行（計畫的藍圖），就把業因（執行計畫所需的能量）包在裡面，就形成業種。

　　宿業（業行）是我們無量劫以來的煩惱，是一切行為的濃縮，這個東西可以稱為「煩惱的結晶」。業行的振動很粗，它把光明的業因（來自真如本性）包起來，就變成黑暗狀態，使得光明不能發揮出來，這就是「無明」的情形。這才是無明真正的意思，而不是「不明白佛法」這樣狹隘的解釋。**所以無明是業行包業因的狀態，業因是光明的，業行是黑暗的，黑暗的業行包住光明的業因，在「無」的世界待機要去轉生，這個階段就叫做無明。**而業行包業因，在待機要投胎那個狀態，叫作業種，就是要去輪迴的一個種子。在「無」的世界，不只有人間的業種，還有各種動物，一切六道眾生的業種都在那邊。**業種的世界就叫「無明世界」，那個世界是黑暗的，一點光明也沒有。**

　　佛教說「靈魂」，道教及民間信仰說「魂魄」（有三

魂七魄的口頭語），就是我們在這裡說的業因與業行。光明的業因就是佛教說的「靈」，也是道教說的「魂」；而黑暗的業行就是佛教說的「魂」，也是道教說的「魄」。

可以把業行的功用比擬為分子生物學的DNA，而業因的功用就相當於RNA。這並不表示業行等於DNA，因為DNA是物質，而業行不是物質，但DNA是遺傳物質，負責按照基因的計畫形成人體，就如同業行形成一個人的命運之計畫藍圖一樣。一個人若因前世造業，而今生為天生的瞎子，生物學家會說是DNA的若干因素造成的，但真正的原因是業行造成的。DNA以物質的身分，執行了業行的計畫。

「無明」在佛教的傳統解釋為「煩惱妄念，障蔽覺明」，這時「煩惱妄念」就是黑暗的業行，而「覺明」就是光明的業因。

如何形成業種

要轉生就先要死亡。首先簡要說明人死後的情形。我們的一切行為都記錄在第八識裡面，八識猶如一台自動的錄影機，把我們一生所做所為全都錄了下來。一切物質（包括宇宙山河大地和自己的身體）都是八識的相分，相分又分成內色和外色，宇宙山河大地是外色，而自己的身體是內色。人要死的時候，**內色的五根——眼耳鼻舌身，收攝到意根裡面去，而外色的五塵——色聲香味觸，收攝**

到法塵裡面去，都變成一點。即六根會集中到意根，變成一點；六塵會集中到法塵，變成一點，也就是所有的相分全收攝到八識之內變成一點，變成八識裡面的記憶。這就是前面介紹八識時說過的，人的一生終結時，就像電影播放完了，所有的這些在銀幕上的人物、山河大地的影像全收攝回到膠捲裡去了。如果用電腦做比喻，光碟片播放完了，影像全部收攝回去光碟片裡，變成記憶歸檔了。

然後意根和法塵再合起來，收攝到第七識裡面。接著第七識把第八識包起來，就脫離了死去的身體，變成中陰身，這是第七識用殘餘的業因造出來的。殘餘的業因就是剩餘的能量，就像用完的電池仍有殘留的電力一樣。

第七識利用這個殘餘的業因（能量），就造出中陰世界和中陰身出來，但因能量不足，所以中陰世界就暗暗的，像黃昏一樣。而中陰身不像生前那麼高，縮成只有三尺高，而且身體也不像在陽世時那麼硬朗結實，有如幻化一樣。因為能量不夠，如同電壓不足的燈泡照明度不夠一樣，中陰身就呈現半透明狀態。而人的一生所做的事情像錄影帶一樣，在中陰身的身體內播放出來，有修持的明眼人一看就很清楚。這個不可思議的情形是一個事實，不是學問也不是神話。

人死後，中陰身脫離了肉體，會看到自己的屍體躺在那邊，這時他所看到的屍體是他第八識的相分，這個相

分是他第七識的餘習所形成的，他還看得見。後來這個中陰身會開始往無明世界移動，像溪水流向大海一樣，他的世界就發生了變化。但是他所造的業都還沒有解消，如果這個中陰身要去投胎，那就要打破他的七識（我執識），這需要靠高僧的誦經，或是親友一心不亂的唸佛，讓他的執著慢慢解消。這時第七識就像香煙的煙霧一樣，慢慢消散。

第七識是我執識，如果把第八識包起來，就不能去投胎轉生，會在中陰世界受很多苦，所以我們要做法會誦經或放焰口來超度他。如果是有戒行的高僧，兩三句阿彌陀佛就會把他的七識打破；打破以後，就像煙霧般消散。但第七識不會完全消滅，它會縮成一點潛入第八識內，這時就變成相反的情形。剛才是第七識包第八識，現在第七識破了以後，第八識就出來了，第七識就潛入第八識裡面，變成第八識包第七識。**以前所造的業，最強的部分就浮到最上面來**，再重新組成一個集團出來，有如河流般，流到無明世界去。**這個業的集團就是業行**，業行再把真如本性帶量出來，造成業因，然後業行包業因變成業種，這在前面已詳細說明過了。形成的業種就在無明世界待機轉生。

2.行：一念妄動，業行交感

「行」的傳統解釋是「一念妄動，業行交感」，就是

在講這個情形。「業行交感」，是指宿業與父母的頻率相同而產生的感應（吸力）。「一念妄動」，就是宿業發生一個要去投胎的念頭。

「行」的階段還在「無」的世界，不過，待機的那個業種，已經可以感應到「有」的世界。男女結婚後，在發生交感時，會產生火花（電氣）。這種電氣有它特定的頻率、波長和幅度。而在無明世界的業種也有他振動的頻率，如果其頻率和跟他有緣的父母親宿業的頻率一樣的話，就有如磁鐵的作用一樣，會對他產生一個吸力。這是因頻率相同所生的感應，這時在無明世界的業種會動一下，會有個心意想要去投胎，但還沒有來投胎，這個階段叫做「行」。

業種要投胎到六道中的哪一道，要看這個業種的頻率是屬於哪一道的頻率。如果一個人常常用殘暴的手段欺負人，死了以後，在無明世界，這個業會排在業的集團（業行）的最上面（因為強度最強），就會轉生為猛獸，例如老虎，因為這個殘暴的業與老虎的頻率相同。這個業種不只有老虎的業行，也有其他種類的業行，例如也有人的業行、天人的業行或菩薩的業行等，但因強度較弱，所以排在下面。要等到下一世（或再過若干世），等到老虎的業報盡了以後，其他的業行就會排到上面，再依最上面的業行去投胎受報。

所以我們的心最重要，因為造業是以意業為中心。如果我們的心是老虎的心，以後會變老虎；如果心是菩薩心，以後會往生菩薩世界；如果心是佛，那就成佛了。所以因果報應其實是很公平的，因為都是自作自受，不是上帝也不是閻羅王分派我們到哪一道去往生的。

3.識：業種發識，了別投胎

這是第三階段——識，已經投胎了，這時業種已經發生認識，了知自己已經入母胎了。

這前三支——無明、行、識，目前的醫學還不知道。

4.名色：「名」為心識，「色」為身體

投胎以後，理論上業種本身應該在「空」當中，就可以直接造自己身體出來，因為真如本性一切材料都有，但是依靠父母的材料比較直截了當。已經投胎的業種，依照他八識（業行）的計畫造自己的身體。造出來的身體有不同的部分，其功能不同而各司其職，這就是分業的關係，和公司設立各種不同部門來運作的道理是一樣的。

業種用父母的精子和卵子作基本材料，按照自己過去的業行，設計一個藍圖，製作自己的身體和認識結構出來，而且限定他在世間活動的範圍（這就形成命運）。我們是長壽或短壽，是富貴還是貧賤，其實在投胎的時候，

大概就已經決定了。但是這不是宿命論，因為業本身並不是一個實體，是一個振動的影子而已。這個影子的伸縮性很大，後天的修為可以改變它。假如不加改變的話，就按照當初已經決定的路線走。

投胎以後，宿業有一個計畫，就像建築師的建築藍圖一樣，什麼時候造什麼器官，有一個時間表。什麼時候要形成鼻子，什麼時候做耳朵……都有一個計畫，依照計畫來造身體。所以孕婦在懷孕時，如果此時母親服用安眠藥，母親休息了，胎兒靈魂也跟著休息了，就停工了。結果造眼睛這個工程跳過不做。醒過來後，就繼續做別的器官，結果生出來是個無眼的畸形兒，這一點目前醫學還不太明瞭（當然這也是因果報應的結果，因為業種前生造的惡業招來這個災難）。

所謂的「名色」，其中「名」是我們的心識，屬於精神方面。「色」就是物質，屬於身體方面。所以「名色」就是身心的合稱，這時身體與精神已經結合了，變成小小的形狀像蝌蚪的胚胎。

前面說過，業行就像計畫的藍圖，而業因是執行計畫所需的力量。如果從分子生物學的觀點來看，胎兒最初的物質是DNA和RNA。可以說，DNA和RNA分別是從業行和業因，經由蛻化而變成的物質。

DNA和RNA在每一個細胞的細胞核內，是生物活動的

指揮中心。當十月胎成，身體所有的細胞都造好了，DNA和RNA就在每一個細胞核內，指揮全體性命的運作，經營一切生命現象。

5.六入：六根具足，出生入塵

　　六入（梵語：Saḍāyatana），又譯為六處，分成內六入——六根，以及外六入——六塵。「六根具足」，就是說經過十月懷胎，胎兒的身體與認知結構在胎內都已經圓滿做好了。「出生入塵」，就是說已經出生到六塵的世界了。出生這個階段就叫作「六入」。出生後，八識相分中的內色變成身體，外色變成外在的自然環境（宇宙）。

6.觸：根塵感觸，尚無分別（出生至二、三歲時）

　　嬰兒慢慢長大了，在二、三歲之前這個階段叫做「觸」，六根對六塵只有一個感觸而已，只有餓了或痛時才會哭，還沒有起分別心。

7.受：心識漸明，領納前境（至十二、三歲時）

　　到了十二、三歲時小孩慢慢長大起來，這段時期稱為「受」的階段。此時「心識漸明」，即心識的作用漸漸明白，會「領納前境」，就是說可以領納所看到，所聽到的東西，會產生心理上的感受。有悲喜之情，但無強烈的憎

愛之心，這是天真爛漫的時期，沒有太多的慾望。

8.愛：愛慾漸深，生憎愛想（至十七、八歲時）

再慢慢長到十七、八歲了，到這個階段，愛慾慢慢增加，對一切事物生出憎愛的想法。但是在這個階段，還沒有很強烈的執著心，還算是很純真的青少年。

9.取：慾望熾盛，追求不已（二十歲以後到六十歲）

差不多二十歲以後，到六十歲之間，這是「取」的階段。是業力最強，執著心最重的一個階段，慾望熾盛，追求不已，為名利不停地競爭或鬥爭，這個時期最會造業。

10.有：為追求故，即種業因

到六十歲以後，所做的善業、惡業已經很多了。造業是因為慾望熾盛才發生的，所做的業變成來生感果的一個業因。到這個階段，來世的業因已經形成了。意即八識裡面善、惡種子種下去了，有了種子，來生就要受報。

11.生：有業因故，招來世生

「有業因故，招來世生」，就是說來世的因已經做好了，來世要去哪裡投生，已經決定好了。

12.老死：有來世生，則有老死

因為要到來世投生，才有「老死」的現象出來。老死以後，經過中陰世界，後來變成業種，又在無明世界待機投胎，就這樣不停地在六道中輪迴，生死流轉不已。這是一般凡夫眾生的情況。所以從這樣的三世因果來說，我們的生命永遠不會中斷，只有分段生死。

在此補充說明一下也有不經過中陰階段而直接轉生的，大概有三種情況：念佛往生淨土、福報生天與極惡之徒直下地獄。

到此所說的是一般人的生死輪迴。其實植物也有輪迴，其原則和人一樣，都是隨業轉生。植物枯死了以後，有維持再生的力量，有留下種子的，也有不留種子的，總是有個「心意」留下來，這個心意就是業，在無的世界裡面，形成業種待機轉生。

以上詳細說明了十二因緣的道理，也就是六道輪迴的道理，也是惑業苦的過程。其中**無明、愛、取**，為惑，因惑而造業，**行與有**屬於業，**行**感得今生苦，**有**感得來生苦。今生苦有**識、名色、六入、觸、受**，而來生苦為**生**與**老死**。

「**惑業苦**」是佛法人生觀的總綱領，一切受苦之根源乃是煩惱迷惑，以至於不停的造業，而有無量諸苦，這個過程是以業為核心而展開的。若能參透佛法真理，了解諸

法空相，沒有一切執著，則所造之業皆為清淨，當下即遠離諸苦（度一切苦厄），得大解脫、大自在。如《心經》所說：「照見五蘊皆空度一切苦厄。」

十二因緣以無明為人生諸苦的根源，所以破無明可除人生諸苦，可以從六道輪迴中解脫出來。此無明以我執為本，故形成業種而墮入六道輪迴，佛教稱此無明為「枝末無明」。羅漢已破我執，故出了三界不再輪迴，但仍有法執，還不能明心見性，必須破「根本無明」（即九識），方能見性成佛。

佛法的生命觀還有一個非常重要的觀念，那就是「眾生平等」。

三、眾生平等——佛法的哥白尼原理

前面就已提過天文學的哥白尼原理。此原理可以簡單的說成「眾星平等」，也就是所有的星球或星系（銀河系）都是平等的，在整個宇宙中的地位是完全一樣的，並沒有哪一個星球或星系佔有最特殊或最優越的地位。

現在提一下哥白尼原理在天文宇宙學的一個應用。天文學家哈伯發現遠處星系所發射出來的光都有紅移現象，推論出絕大分的星系都在遠離我們而去。根據剛說的哥白尼原理，也就是說我們的星系在整個宇宙並沒佔有最特殊

的地位，所以這個結論應該適用在任何星系上，亦即從任何星系來看，其他的星系都在遠離它而去，因此所有的星系都在互相遠離當中，這只有一個結論：宇宙正在膨脹當中。

天文學的哥白尼原理——「眾星平等」，其本質就是「平等性」的精神。而佛教提倡並主張「眾生平等」，把平等性的精神貫徹到究竟，此時眾生不僅是指一切人類或一切生物，還包括一切存在體。這不是宗教的教條，或神學的主張，而是基於對一切事物本質的洞見，或用佛法的語言說，基於諸法實相，即一切東西，或說一切存在體／生命體，都是六大造成的，都有佛性而無根本的差別。

很多人認為佛經上所說的眾生，指的是人類或有情識的動物。其實佛經所說的眾生意義非常豐富，而其中最重要的意義就是「**眾緣和合而生**」，故生物、非生物，甚至大至宇宙小至電子、光子，全都是眾生，下面做一個簡要的說明。

何謂眾生

「眾生」是從梵文翻譯過來的名詞。梵文之jagat、bahu-jana與sattva皆翻作「眾生」。

jagat有多種含義，包括一切事物、生物、有情、本質等。

bahu-jana之義包括眾多、眾人、眾多事物一起存在等。茲舉兩例。

1.「眾人共生」——《妙法蓮華經文句》：「劫初光音天，下生世間，無男女尊卑，眾共生世，故言眾生。」

2.「眾多之法」——《大法鼓經》：「如是和合施設，名為眾生。」《大乘同性經》：「眾生眾生者，眾緣和合名曰眾生。」

而sattva（薩埵）就專指「有情」，其義為「經眾多之生死」。舊譯（玄奘法師之前）仍為「眾生」，新譯（玄奘法師之後）為「有情」（這個字的音譯就是大家很熟悉的「薩埵」）。所以舊譯的佛經沒有「有情」這個名詞，都一概翻成「眾生」。

由以上的討論，可知「眾生」包括有情和無情。所以有「有情眾生」和「無情眾生」之名稱，早已變成佛教界的共識。

其實廣義的眾生還包括聲聞、緣覺、菩薩，甚至佛也包括在裡面。如《大智度論》所說：「諸法中涅槃無上，眾生中佛亦無上。」

生物與非生物或無情與有情，根本沒有差別

上面說明了在佛經，一切存在體／生命體，無論聖、凡，不管生物、非生物或無情、有情，全都是眾生。而一

切眾生平等無有高下，都沒有根本的差別，因為都有佛性／法性（即第十識），而佛性、法性都是真如本性，這在前面已多次強調過了。現在再用六大的觀點說明如下。

不同的業有不同的頻率，就會形成不同的世界（法界）。十法界就是這樣來的，這是佛法非常重要的道理，可以說是**佛法生命科學，生命的多樣性**就是這樣來的。其實生物與非生物沒有根本的界線與差別，都是由不同頻率的業，利用真如本性的六大而形成的。例如石頭本身也是六大所變，六大是真如本性的六種性質。一切堅固相來自地大，溫暖相來自火大，搖動相來自風大，濕潤相來自水大，空間來自空大，認識、感知來自識大。石頭有五大成分，比較容易了解，但石頭沒能「感覺」，如何說它有識大？其實你不是石頭，怎麼知道石頭有沒有「感覺」？簡單地說，沒有識大，石頭本身不能成立，識大使得這塊石頭是石頭，而不是其他東西。生物與非生物，植物與動物之間沒有根本的差別，因為一切都是六大所變成，只是六大分配的情況不同而已，最後是業決定它們現出何種相，以及具有何種功能。所以業像「**藍圖**」（blue print），真如本性的六大就是六種無形的材料，依據藍圖而造成各種有形質的「東西」出來，小自基本粒子，大自全宇宙都是這樣出來的。

六大最不可思議的性質是「互相圓融」，即任一大

圓融其他五大在內。**心**如果是識大的現象，**物**如果是地、水、火、風、空的現象，那麼心、物之差別在那裡？因為六大互相圓融，所以根本沒有分別，所以心、物、境皆無分別。佛經所說一切唯心，要注意的是那不是哲學之唯心論，因為在哲學上，心與物是相對的，所以哲學之唯物論與唯心論是各執一端。而佛法所說的唯心，是以識大的立場說出來的，但因六大互相圓融，故心物一如，所以那是心物一如的唯心，千萬不要誤會。一切唯心是從主觀的觀點說明宇宙真相，如果用客觀的觀點就是「一切唯業」所現，淨業現淨土相，穢業（不淨業）現六道輪迴相等。

剛才所說生物與非生物，動物與植物沒有根本的界線，乃因皆為六大所成，不同的六大之組合，形成一切東西或物體出來，所以沒有根本差別。越高級的生物，分業程度越高，例如人類有五官，各司不同的功能，就是分業造成的結果。分業就是分工合作，分工越精細，複雜度就越高，就形成越高級的生物，所謂的低級的生物，分業程度較低。再從意識來說，也是識大根據業的計畫，分化成前五識及六、七、八、九等識，分化越精細就是越高級的生物。如果以分化的等級來區分，礦物（所謂的非生物）分化的等級最低，其次是植物，再來是動物，動物中又以人之意識分化程度最高，所以人是最會感到苦惱的動物，這可能是所謂「高級生物」的代價吧！但是苦惱並不是因

為分業，或意識複雜化所造成的，當然這也是原因之一，最根本的原因乃是「惑」——不明諸法空相而產生執著。不過也因為苦惱，反而才有動機想去弄清楚宇宙真相。這也是更高法界必然存在的理由，因為確實有完全弄清楚宇宙真相的佛，以及往這條路走在不同階段的諸聖者——聲聞、緣覺、菩薩，他們都已經永斷輪迴。

　　以上是用佛教傳統的六大觀點，去說明生物與非生物或物質與精神根本沒有區別，現在用量子物理學的觀點再說明這個道理。最近（2019年10月）在電視上看到了影集《Star Trek：Discovery（星際爭霸戰：發現者號）》，聽到一段非常有意思的話：「At the quantum level, there is no difference between physics and biology. No difference at all.（在量子的層次，物理學與生物學根本毫無差別）」其實在量子的層次，所有這些學科：物理學、生物學、生理學、心理學等等，都已經不再有區別了，物質、時空與精神的差別都已經喪失意義了。因為在量子的層次，一切都是量子場波動（振動）所形成的影子，只是振動頻率不同罷了。上面剛說過，此量子場可能是能量場／物質場（形成物質），也可能是意識場（形成精神與時空觀念），也可能是信息場（形成業種）。

無情是否可以成佛

這是一個自古以來爭論不休的議題。如果說**有情可以成佛**，則**無情也可以成佛**。理由很簡單，因為如上所詳細論證，一切存在體都是眾生，而且都有佛性，都是平等而無有差別。生物與非生物都沒有根本的差別了，有情與無情當然沒有根本差別。

但是歷來有不少人認為有情**可以成佛**，而無情不能成佛。要探討這個問題，首先要釐清什麼是有情，什麼是無情？還有，可以成佛是什麼意思？

有情無情的「情」是情識的意思，就是有感情有意識之意，而最重要的是要有意識。佛教傳統上把動物視為有情，把植物和礦物視為無情，這樣的分類法很值得商榷，大家都知道植物和動物都是生物，而且生物學已將生物分成五個界，動物與植物只是其中之二。一切之分類都是人為的，根本不存在著絕對的界線。例如，濾過性病毒介於生物與非生物之間，單細胞生物介於動物與植物之間，光則介於精神與物質之間。

剛剛說過一切都是六大所成，六大就是真如本性的六種性質，而且**互相圓融**。其中，識大就是一切東西（包括生物、非生物）的精神（意識）元素，也是宇宙深觀中意識構造最深之第十識，由此再分化出第九、第八、第七、第六及感官之前五識，故可以說一切東西都是「有意識」

的，只是意識分化（或複雜化）的程度有所差別而已。

　　到底有情和無情如何分別？意識之分化要到何種程度，才可以稱之為有情？其實並沒有答案。有一些「複雜系統（complex system）」的理論學者認為，「意識」是在一個系統複雜化到一個程度時，「突然出現」（簡稱突現，emergent）。此種理論仍脫離不了唯物觀，但是很有趣的是，它指出意識不是動物才有的專利，而是一個「物質系統」只要夠複雜，就可以出現意識的性質。順著這個想法一直發展下去，有朝一日（可能在幾十年內，因為人工智慧的進展很快速），人類可能造出有「情識」的機器人。不僅如此，以後可以製造出有意識的太空船，人可以用意識去指揮太空船，而作太空旅行。其實根據佛法，這些事是可能的，理由是：一切東西皆具有「意識」的元素——即識大。

　　讓我們換另一個角度來討論，假設可以用能不能感受「善意或惡意」來區分有情和無情。如此則可以說，有情是能感受到另一個有情的「善意或惡意」，而無情則不能。可是有很多實驗證明，植物可以感受到人的善意而生長得更好。例如讓它們分別聽好聽及不好聽的音樂，對植物會有不同的影響。最不可思議的是連非生物也如此。例如，日本IHM研究所的江本勝博士（Masatu Emoto）等人，自1994年起，以高速攝影技術來觀察水的結晶，竟然

發現無生物的水分子，會感受到人發出的善念或惡念的「訊息」，而對水的結晶樣式（pattern）造成極不可思議的影響。他們把實驗的結果寫成一本書——《來自水的訊息》，圖片可在淨空法師的網址看到（www.amtb.org.tw／pdf／water.pdf）。後來又出了兩本書《生命的答案，水知道》（2002年），和《幸福的真義，水知道》（2004年）。

即使了解無情與有情在法理上難以區別，可是想到濾過性病毒可以成佛，阿米巴原蟲也可以成佛，甚至於連樹木也可以成佛，就覺得渾身不自在，而認為不可能的必大有人在，更不必提石頭也可以成佛了。

其實《華嚴經》就已有開示：「情與無情，同圓種智。」這就說明了有情無情都有佛性，都可以成佛。但還是有人認為無情沒有佛性只有法性，這是把一個本性一分為二，不知法性、佛性同一性，這在前面已批判過了。

即使有不少人同意有情無情皆有佛性，但是仍堅持只有有情才可以成佛，而無情則否。奇怪的是，既然都有佛性，為什麼有的可以成佛，有的卻不可以成佛？

現在釐清一下「可以成佛」中「可以」的意思。就以樹為例，若有一個樹木的種子，就「可以」長出一棵樹，「可以」就是「可能」，但並不是說，就「必然」會長出一棵樹。這就是說，有了種子，就有變成樹的「可能性」，這就是「可以」變成樹的意思，所以種子就是

「因」。但是要種植在土壤內，要澆水，要有充足陽光等等，這就是「緣」，然後就長成一棵樹，這就是「果」。此處緣就是條件（conditions）。

修行成佛亦如此。佛性是因，有了佛性，成佛就有了可能性，這就是「可以」成佛之意，所以說「有佛性就可以成佛」（就像說「有種子就可以長出一顆樹」），但當然不是說立即就成就了。所以如果無論有情無情都有佛性，那麼就都「可以」成佛，因為有成佛的因，這也是很多祖師大德的想法。但還要有「緣」（條件）才能成就，這就是說要能聽聞佛法，如法修行等等，這些就是修行成佛的條件。

所謂「成佛」就是由迷轉悟，由不覺（無明）回歸本覺（真如本性），由有生有滅的相對動，轉到不生不滅的絕對動，由不淨業變成淨業，這可以說是業的演化的極致。修行可以說是良性的演化，但是有人不信因果，做壞事，這是惡性的演化，也可以說是一種退化，此生報盡，墮入三惡道。當然修行成佛通常是累世甚至是累劫修來的，不過釋迦佛說過：「勇猛眾生成佛在一念，懈怠眾生成佛要三大阿僧劫。」時機因緣到了，條件具足了，就成佛了，並沒有一定期限。我們想修行而成佛，但很少人有自信這一世一定可以成佛，還有人發願生生都在人道中修行，直至成佛。從這個意義說，在修行過程中，業不停地

轉變演化（淨化），時候到了就成佛。但是號稱有情的人類，對佛法有正信的人有多少？又有多少人發心立志要成佛？有些人，你對他講佛法比對牛彈琴還難，而「生公說法，頑石點頭」^{（註）}，人比石頭又高明到哪裡？

（註：「生公說法，頑石點頭」的典故出自晉朝《蓮社高賢傳》。生公，就是東晉末年的道生和尚，他在蘇州的虎丘山，聚石為徒，對石講《涅盤經》，問群石：「我所說的法是否契合佛心呢？」群石都為之點頭。今日蘇州虎丘山，還留有「說法台」、「點頭石」的觀光景點，紀念這段故事。）

石頭本身是一個業的集團，分析到基本粒子，也都是業的集團，都有八識，只不過業的頻率各自不同。業是會演化的，有些業的演化是朝向淨化（可以說是進化）方向，有些業的演化是朝向不淨化（可以說是退化）方向，有各種**可能性**。所以有情無情都**可以**成佛，或許有**時間長短**、**途徑不同**的差異，但是其為**可能**則一也。

佛經記載很多異次元的生物，例如天龍八部，還有山神，樹神等，其實這些都是真實存在的，只因我們人間認知的結構不相應，故不能「看到」。所謂的樹和山本是無情，但是在不受干擾之情況下，經過很長一段時間，會發

展出具有「自我意識」與「人格」的特質構造出來，稱為山神和樹神，而有不同的容貌和膚色。虛雲老和尚有次授戒時，就有兩個樹神化成人身參加。這是非常好的例子，用來說明有情無情沒有界線，而且在條件成熟時，無情可以轉化為有情。接著，此有情又可以修行而成佛，誰說無情不能成佛？常慧法師就有一個親身經歷的，八個山神求皈依佛道修行的故事，請看一篇介紹的文章：http://big5.xuefo.net/nr/article21/210889.html

　　修行的關鍵厥為此心，而不是這個幻軀。畜生道亦有修行，像狐狸可以修成人形（俗稱狐仙），歷來記載不少，修行高人都知道此事，或親身遇見。只是彼輩大都求長生，認為佛道太高，只想這個肉體長存。如果發菩提心，志求佛道，也有機會明心見性，立地成佛。落入狐狸道，遇見明師而開悟的事例，禪宗中最出名的是百丈懷海禪師度化五百世野狐的故事，此外虛雲禪師也有類似的經歷。

無情如何找到成佛之路的破口——以石頭為例

　　如同生物學所說，生命會突破重重阻礙，找到出路而到處繁衍開來；類似的道理（當然更加深刻），即使是無情，其業力的演變也會突破重重阻礙，而找到通向成佛之路。

前面剛提到，山有山神，樹有樹神。同理，石頭也有石神，也有修行。設想在深山中有一塊平整質美的巨石（越大的石頭能量越大，頻率越高），在幽靜不受干擾的環境中，經過了幾千年的時間，就好像人在靜坐修行一樣，慢慢地元神（石頭具足六大，識大是萬物根本的元神）集中，八識會發生變化，最後變成人形出現（這叫做出神），可稱為石神，這石神的人身是他的八識變現出來的。此石神若遇機緣，聽聞佛法，也可能成道。

　　一切眾生（無論有情無情）皆平等，都有佛性，都可以成佛，這是佛法生命觀最究竟的境界。

肆、佛法的修行

　　如在前面說過的，佛法一方面是宇宙人生真理，一方面也是解脫之道，所以**修行的目的**就是證悟此真理而獲得解脫，永離一切苦，而實現福慧圓滿的人生。

　　從宇宙觀最後所介紹的宇宙相圖，可知吾人現前一念（心）的狀態，就是全宇宙的狀態。山河大地乃至十法界，不過是每一個人八識的相分，而最深層就是十識即是識大，就是真如本心，此為唯識的宇宙觀。而在宇宙縱觀裡，可以了解真空如何形成妙有。由真如本性的絕對動（空的世界），發出最初的一顆量子，即最原始的業，或稱劫初一氣，相繼發生四大：火大、水大、地大、風大，各有其作用，最後風大旋轉而自爆，宇宙就誕生了，此為有的世界之開始。而從劫初一氣至自爆前，都在無的世界進行。

　　自爆以後產生時間、空間與物質。自爆中，以自我意識為中心，限定運動之範圍與速度，運動範圍即是空間，而運動過程自覺之限定乃為時間，物質為粗的部分，空間為細的部分，皆為六大所成。此宇宙的**本心**潛入所有的物質與眾生之內。其運動一直持續下去，製造出星球、銀河系、太陽系、行星，然後在地球上出現原人以至目前的現

代人。宇宙造成後，其運動仍然延續到現在，每一個人的習氣（振動頻率）仍反映原始宇宙之頻率，故可以說宇宙與人有共同的基因，而人與宇宙也有共同的記憶。

由上面的討論可知宇宙的深觀（十識觀與八識四分觀），和宇宙的縱觀（空無有）是一體的二面。真如本性的本體是空的世界，這是客觀的立場，由於空有發生萬有的能力，故又稱「能」的世界，這同時也是物理的立場。但真如本體也有能認知一切的能力，就稱為第十識，這是主觀的立場，也同時是心理的立場。總之，一切的發生都是在真如本性內，真如本性就是我們的真心，其實就是**現前一念**。但真如本性的絕對動永遠不變，繼續下去，而相對動裡現宇宙的成住壞空，與人的生老病死。宇宙的成住壞空，可以說是宇宙的輪迴；人的生老病死，是人的輪迴，其實都是一場夢。經云：「**三界唯心所現，萬法唯識所變。**」眾生迷失了本性（佛性），遂以為有生死輪迴，世尊謂之顛倒夢想，不知此心即是佛，本來就是不生不滅。**修行就是認取自家本來面目，承擔自己本來就是佛，回復本來的真心，**這種返本還原的工作是每一個人的**本分工作，**這就是**修行的意義。**

修行的方法眾多，誠所謂「法門無量」，每個人因其根器與因緣而選擇不同的法門。其實一切法門都以「了解宇宙的性質」為基礎，徹底了解宇宙性質，修行就會水到

渠成，自然有成就。宇宙的性質是上面介紹的三法印——無常、無我與空，再加上宇宙三觀。認清宇宙性質以後，自然在不知不覺中，就會以符合宇宙本質的方式來生活，當下契合無常、無我與空的道理，自然破一切執著。這就是釋迦佛說法四十九年的原因。

其實修行並沒有一定的方法，若有一定的方法，釋迦佛只要講一次，把方法講清楚，每個人就按照這個方法來修行就可以成佛了，也不需花四十九年的時間，舉行那麼多次法會了。每一次的法會，都為每一個人製造開悟的契機，經上常說有多少人證得聲聞四果，或得法眼淨等等，這就是佛講經說法的意義。釋迦佛最希望每一個人，聞法就能直接開悟成佛（亦有這種人），可惜眾生無始以來習氣深重，故雖有大悟、小悟者，更多的是不悟者。

宇宙的真相，在《心經》以「**諸法空相**」表示，在《金剛經》以「**諸相非相**」表示，在《法華經》以「**諸法實相**」表示。修行法門萬千，但總不離「不二法門」。不二是宇宙的性質，因為宇宙動的性質具有絕對動（不生不滅），與相對動（有生有滅）的二重性，從此性質而生出無量無邊的修行不二法門。例如《維摩詰經》裡有各種不二法門，而在《心經》講色空不二，即「**色即是空，空即是色**」。在別的佛經亦有講到色空不二的道理，例如《楞嚴經》說到：「**離一切相，即一切法。**」其中**離一切相**就

是「空」，一切法就是「色」，中間的「即」字是本來如是之意。我們在日常生活中可以應用很多不二法門，例如，菩提與煩惱不二，所以不要認為有煩惱很不好，而立一個心要去破除煩惱，而是要去了悟煩惱心**即是菩提心**，當下煩惱即成菩提，這就是不二法門的修行。

另外《金剛經》有說：「**若心有住，即為非住。**」也是不二法門。這句話的意思是：我們都認為心有住著（執著），都在煩惱如何破除執著，但其實「**有住即是非住（沒執著）**」，亦即我們心的性質是無法住著的，認為有住著只是幻覺而已。所以不是要去拿掉執著，如果能夠這樣認清了悟，當下就是非住了，就生無所住心了。最後，我們在日常生活中亦當常常用到「怨親平等」，這也是一種不二法門。

佛法是要去「開悟」的，而非只是理解。佛經只是「標月之指」（「月」指諸法實相，也可以說是真如本性），也就是一個指標而已，每個人順著這個方向看過去，就可以發現自己心中那輪明月。一般文義的理解只是在六識中打轉，而開悟是要引出第十識，這一定要捨掉相對的認識（即無我、無念），回到絕對的體會才行。這時六、七識與十識打成一片，假心真心同一心，這才是悟，如果徹底了，就見性成佛了。

以上所說的只是修行的大原則，至於實修的法門有淨

土宗的念佛，密宗的觀想與三密加持，以及禪宗的參禪、坐禪等等，每個人可以有不同的選擇。但是不管是哪一個宗派，最重要的是要了解宇宙真正的性質，才不會走錯方向。而宇宙真正的性質，就是前面已詳加說明過的三法印以及佛法的宇宙觀。

伍、佛法是人類文化之母

佛法是人類文化的根本，也可以說佛法是人類文化之母，包含了所有人類文化的內容，同時又是這些文化的最究竟和最高的形式，利用佛法可以統一和融合所有人類文化，這個道理很少人了解。

從方法學的觀點來說，文化的產生和方法有連帶關係。人是精神的動物，文化是由精神產生出來的。人類文化的內容和探討的方式互相關連，**不同方式的探討，會得到不同的文化的內容**。例如科學的方法得到科學的內容，哲學的方法得到哲學的內容等等。但這種研究探討的方法又同時限定了對應的文化內容，例如宗教的方法把宗教的內容限定起來，哲學的方法設定了哲學的界限，其他科學、藝術等也是一樣，用什麼方法就有一個對應的內容。

科學與哲學的產生

人類精神的功能可分成理性和感官（感性）兩種，若以理性為出發點，就開創出**理性主義**，以希臘的蘇格拉底為代表性人物。理性在拉丁文叫「logos」，二千四百多年前蘇格拉底的理性主義，可以說是之前西洋哲學的結晶。理

性主義是經由精密的理智（理性）而產生的，要觀察、思考、判斷與檢驗一個事物，都要經有精密的理智（理性）的作用，這就是理性主義的精神，這樣得到的知識才有**準確性和普遍性**。從蘇格拉底到柏拉圖到亞里斯多德，理性主義經歷這師徒三代，終於奠定了完備而堅實的基礎，開創了西洋理性主義的文化。蘇格拉底、老、莊與孔子及釋迦佛大約同一時代的人，所以人類文化在2600年前是一個高峰，出了很多偉大的人物。

起先理性主義是屬於哲學的範疇，對自然界這個領域並沒有深入去了解，尚未對自然科學產生影響。到了16世紀文藝復興時代，英國哲學家培根利用理性主義於自然界的探討，他注重對科學方法的分析，提出以觀察和實驗為基礎的科學認識理論，首次在科學中引進了歸納法。

雖然培根利用理性主義去觀察自然界，但觀察與實驗沒有形成自然科學有系統的手段。他的哲學可以稱作科學哲學，一方面有科學的成分，但內容還是哲學。

受到培根的影響，後來就產生了自然科學。像哥白尼、伽利略和達爾文，不管在天文、物理或生物學，都是用觀察的方法去探討自然現象，然後再歸納出一個原理或理論出來。

所以理性主義的運用，到最後就產生了科學。哲學比較抽象，而科學就比較具體，但都是人類理智（理性）

的產物。在古希臘時代，哲學和科學本來沒有分開，但到了後來，由培根發其端，再到哥白尼、伽利略、達爾文等人，就漸漸地發展出具體的科學出來。所以**哲學和科學都是理性主義的產物**，但是理性主義有它的範圍和限制，如下所述。

哲學的範圍和限制

蘇格拉底、柏拉圖、亞里斯多德這一派理性主義（理智主義），是西洋學術的源流。他們認為理性主義是探討宇宙人生最可靠的立場。但是理性主義也是落在人間認識的範圍內，換句話說，是一個人間的認識結果而已。所以無論看什麼東西，認識什麼東西，都不出**人類認識結構**的範圍。

到了康德的時代，他認為我們認識一切事物，是靠**先驗性十二個範疇**弄出來的一個觀念而已，而物自身（物自體）（thing-in-itself）我們無法知道。先驗性就是不靠經驗，我們生下來就有這個認識結構。康德歸納了十二個認識的範疇，一切事物可以說是透過這十二個範疇的框架弄出來的影子。至於物體本身到底是什麼情形，我們沒辦法知道。康德很老實，他的能力只可以做到這個程度，他說「物自身不可知」，這句話很重要，這是哲學的範圍和極限。

「物自身」其實就是佛經說的「真如本性」，證入真如本性就成佛了，此時是「物自身」自己知道自己，這個道理是哲學家想像不到的。

科學的範圍和限制

科學也是利用理性主義，來探討自然世界。利用儀器加上統計、歸納、演繹、邏輯……的方法，作比哲學更微細的探討。科學雖然比哲學更客觀更精密，但是科學也是以人間的認識做出發點來觀察自然界的，超過人間認識範圍的部分，科學就無能為力了，哲學也是如此。所以說哲學、科學都有其界限。

科學雖使用儀器，但儀器不過是我們人間認識結構的延伸。比方說，望遠鏡越來越可以看得更遠，可看到越來越大的宏觀宇宙。電子顯微鏡，越來越可以看到更細微的微觀世界。雖說是使用儀器來觀察自然界，仍是以人的認識結構為出發點，也脫離不了人的認識結構，所以說儀器是人間認識結構的延伸，只是更精密化而已。認識的狀態，裡面的內容，也沒有辦法超出人間的界限，技術也不能超過人間世界的認識結構，所以這是自然科學的一個界限，也可以說是科學的命運。

從以上的說明，就可以知道現在的科學和哲學，不出

我們的感官與六識認知的範圍。這是因為科學和哲學一開始就把認識的主體（主觀）和認識的對象（客觀）分開，而產生相對認知（認識），這樣的認識結果，就受到來自六根六塵接觸，綜合所得的統覺所形成的理智範圍的限制，超過這個範圍，人類就沒辦法知道了。即使發明了望遠鏡與顯微鏡，或其他它更精密的儀器（儀器只不過是感官的延伸），仍不出人類認識的範圍。

藝術的產生

藝術主要是利用感官與感受。眼有所見，耳有所聞，心乃有所感，遂產生藝術的創作。音樂是動態的藝術，繪畫是平面靜態的藝術，而雕刻是立體靜態的藝術。

所以我們人類文化不出這些範疇，都是以理性主義、感官主義或兩者的合併這些方式所產生出來的。所以不同的方法，會產生不同的文化內容出來。以音樂為例，在觀察自然界動態的變化中，例如松濤溪吟，將之描寫出來，就產生音樂。在這個創作過程中，運用了理智和感官。

宗教的產生

至於宗教的產生，是來自直感性的智慧，來自於當我

們理智、感官圓滿地合在一起所產生的直感性感覺，所用的方式就是祈禱。例如耶穌在樹林中祈禱，在祈禱前他已經有一個絕對權威的觀念作為前提，他就利用他的理智和感官去加以證實：「啊！我得到了上帝的啟示！我得到了上帝的光明！」

所以在對絕對權威畏懼和思慕當中，感覺到與反映出來的就是上帝的觀念，這裡面有客觀的成分，但大部分還是主觀，**上帝是感情性的直感中反映出來的一個抽象性的象徵**，一個symbol。這種以**理智和感官結合**而產生的思想內容就是宗教。

這樣的宗教，都有造物主或絕對權威的觀念，為什麼會產生這種觀念呢？因為人類面對自然界的天災地變，驚懼於自然界的力量，就聯想到自然界中必有一個主宰力量在裡面，而產生畏懼和服從的思想。接著產生祈禱的行為，祈求這個絕對權威消除我們的災難，賜福給我們，這都是為了生存的關係。

這種造物主或絕對權威，在基督教稱為「上帝」，在伊斯蘭教稱為「阿拉」，在以前印度的婆羅門教稱為「大梵天」。中國人對無形的絕對權威的存在，都以天、上天或蒼天來表達，這是我們祖先對天地宇宙自然界無形的絕對權威，用抽象的觀念來表達的方式。到後來慢慢人格化了以後，才變成「玉皇大帝」或「玉皇上帝」的觀念出

來。雖然在觀念上，玉帝沒有像基督教的上帝那麼具有強烈的造物主的意涵，但是仍然有支配萬物，掌管人類禍福的地位，所以跟基督教上帝的觀念也類似。所以在人類歷史上，一般宗教都有類似的觀念，只是名稱不一樣，講的方法稍微不同而已。

佛法的產生

如上所說，**純粹的理性產生了科學和哲學，理性與感官並用產生了宗教和藝術。**但一般人都不知道的是，佛法不在這個範疇中，**佛法不是理智主義（理性主義），也不是感官主義，也不是兩者合併所產生的。**

在人類史上，真正把宇宙本體，直接認識清楚的第一個人，就是釋迦牟尼佛。和其他宗教完全不一樣，他不相信有什麼造物主、上帝。他沒有感覺到有絕對權威的存在，來支配宇宙，或對我們降禍福，也沒有設定一個前提來探討宇宙的真理。至於哲學的「理性主義」，釋迦牟尼佛叫做「理障」，理的障礙。一切思想，一切合理的想法，他認為都是人類本身操作出來的抽象認識結果，所以也完全停下來不用。一切科學方法、儀器，他都不用。完全把能認識的主體，和被認識的對象（如自然界）放在最自然的狀態，也就是說不發生根塵的交涉作用。

釋迦佛將這些利用人類認識結構限定出來的理智與感官**返本還源**。我們的認識都受到限定，眼睛限定了所見者，耳朵限定了所聞者，鼻子限定了所嗅者，舌頭限定了所嚐者，在眼耳鼻舌身意六根限定的框架中，我們人類就在其中發生認識，並在這個範圍中運動。問題是用六根對六塵所產生的六識，只是人類自己限定出來的影子而已，而未限定以前的宇宙真相不在這個影子的範圍內。

　　一切事物，都是六根六塵所產生的第六和第七識的影子而已，六根六塵六識和七識，只不過是宇宙本身發用出來的框架。利用自己產生出來的框架去認識自己本身，這是不可能的事情，這就是「子不能生母」的道理。釋迦佛認為應該要將這些框架（六根、六塵）的運動停下來，認識的結構一停下來，對應的世界就發生變化，這個過程就是四禪八定。

　　釋迦佛是以全體宇宙本身的認識功能（就是**識大**，或稱**宇宙精神**，或稱**純粹意識**）為出發點，不需儀器，不假思考，主客不分，身、心、境不分，人與宇宙完全沒有分開，打成一片當中，直接認識到宇宙的真相。因為不假手段，所以不落入相對的認知及六識的局限範圍，所以沒有任何誤差，而得到對宇宙最完整的，最徹底的認識。

　　所以，釋迦佛完全沒有用方法，也可以說他採納的是沒有方法的方法，也就是禪定的方式，在天地最自然的狀

態之下，不去看不去聽，也不用什麼方法去思考，宇宙本身的真相就出來了，所以說佛法完全是從禪定中產生出來的。

釋迦佛在坐禪時，一開始是靜坐。在靜坐時，將人間六根停下來，連帶關係的六塵（也就是客觀的世界）也停下來。剛開始，人間世界的認識停下來，就進入欲界天的四天王天，此時相應於四天王天的六根就會出來。六根出來後，跟它相對的四天王天的客觀世界就出來了。四天王天什麼景像，天人有多高等等，都會出現。中間會經過天界二十八天，其中欲界天六天，色界天十八天，無色界天四天。這個過程叫四禪八定：初禪、二禪、三禪和四禪，這經過色界天十八天；再加四空定，即空無邊處定、識無邊處定、無所有處定及非想非非想處定，四空定經過了無色界天四個天。

在此要特別強調，宇宙的變化都從運動而來，精神界和自然界都從運動而產生。運動一改變，我們精神界的這個意識就產生變動，接著自然界的時空就變動了。又依照時空所形成的能量場就改變了。在變化中，裡面的宇宙內容就出來了。宇宙有無量無數的東西在裡面，我們現在所看到的星球，和我們的意識、時空及能量場都有連帶關係，這變成我們看得到的部分。跟我們不同的時空、能量場和感覺的部分，我們就沒有辦法去了解。

人類和我們所知的自然界是在同一個時空和能量場，這個自然界是我們可以了解的部分。不同的時空和能量場的宇宙，我們就沒辦法了解。像西方極樂世界是屬於和我們不同的時空和能量場的世界，如果用我們的觀念要去了解西方極樂世界，根本是不可能的事情。宇宙的性質如此，所以如果不靠禪定，只用科學的手段要來探討宇宙真理，不知要走到何年何月。

　　剛才說到禪定過程，四禪八定經過了三界二十八天，再來就出了三界，到了真空世界（聲聞、緣覺）。定力再進一步，感受到裡面有一個會發生萬物的能力，就進入妙有世界（菩薩），再過來是海印三昧，三世十方同時炳現，包括一切蓮華藏世界的淨土在內。最後與宇宙本體（真如本性）合體，這時就稱為成佛，也就是「覺者」，以本體自己去體會本體，以自己去認識自己，變成透明的金剛體，這叫做金剛喻定。

　　從金剛喻定出定後，回到了自然界的這個人間，以清淨心再與這個世間的六根六塵合在一起，在分裂當中感覺到統一的情形，世間就變成清淨相，這叫「諸法實相」，也就是阿耨多羅三藐三菩提。所以在菩提樹下，釋迦佛就說：「奇哉！奇哉！大地有情皆具如來德相，因有妄想不能證得。若除妄想，無師智、自然智、一切智即得現前。」意思是說，從與宇宙本體合體的金剛喻定出定之

後，世間萬象還是跟以前一樣，但都顯現出清淨相，而世間一切眾生都現出佛相，所以他才說：「始知眾生本來成佛，欲度眾生無眾生可度。」又說：「吾在菩提樹下成正等正覺，此土即是蓮華國。」意即「從成道立場」來看，娑婆即是淨土，一切眾生本來成佛，欲度眾生而無眾生可度，所以他成佛後馬上要入涅槃。因為這樣，帝釋天王趕快從忉利天下來，五體投地，請佛住世，世尊才答應他大轉法輪，才把佛法真理流傳在世間。

以上簡要地說明了佛法的來源，可以說佛法完全來自於禪定，**禪定中自覺的全體宇宙的內容就是佛法**。而這個禪定的過程，**用哲學的立場來說，就是否定再否定，最後得到大肯定的過程**。剛開始否定現在的知覺和感覺，然後再觀察否定以後，會出現什麼情形。到了某一個階段，又否定，又再進入另外一個階段，就這樣一直深入宇宙的內容裡面去。到最後金剛喻定的時候，發現生命的感覺主體和宇宙本身是同一個。宇宙本身就是自己，自己就是宇宙本身。**所以最後是自己認識自己，自己肯定那就是自己。以自己認識自己，宇宙本身就是自己，而得到最後的自我肯定**。

禪定的過程，若從物理的觀點來看，就是轉變頻率的過程。六根對六塵生六識，可以說根塵識都有相同的振動頻率，這在物理上稱為「共振」。停止人間六根的振

動後，人間的六塵與六識也停止了，或說認識的頻率轉變了，就開發了更深層的六根，譬如四天王天的六根就出現了，就相應出四天王天的世界出來（四天王天的根與塵共振）。然後頻率再轉變，就經過三界二十八天。這又好像電視機的情形一樣，不同的世界像不同頻率的電磁波，六根振動改變，就像轉頻道，在不同的頻道就看到不同的節目，同理，不同頻率的六根就開發不同的世界出來。再過來出了三界，經過真空妙有，最後入到真如本性如如不動的世界去，這是動的極致，變成沒有頻率的絕對動。

也可以用數學的「次元（dimension）」觀念加以了解。在禪定中，從一個世界轉變到另一個世界，就是進入另一種次元的時空，但不能用純數學來了解，因為數學是靜態的，要加入物理的運動才可以（像愛因斯坦的廣義相對論一樣，時空與物質的運動，物理與幾何，都要融合在一起）。**「次元」是運動形成的**，在運動當中，我們的意識就發生變動，意識變動的同時，時空就變化了，時空變化當中，能量場就發生變化；能量場一發生變化，裡面存在的東西就出來了。

以上說明了佛法是如何產生的，現在討論佛法／佛教的特色。

佛法／佛教的特色

1.佛教不是一般的宗教，但又可以說是最平等的智慧（宇宙性）的宗教

　　一般的宗教和佛法不能比，所以把佛法歸入一般宗教的範疇就錯了。因為一般的宗教有一個概念，認為有一個絕對權威的上帝來支配一切東西，所以宗教主要的工作就是要研究神與人的關係，也就是絕對權威和被他管轄者之間的關係。

　　一般宗教直感到有一個上帝存在於宇宙中，上帝可以創造一切。但是所謂上帝的觀念，還是從一個相對的立場而得到，也可以說是觀念的產物，不能說是宇宙本身。所以，所謂的宗教，從佛法的立場來看，還沒有到宇宙究竟的境界。這些宗教（基督教、回教）把直感出來的絕對權威（或稱上帝或稱阿拉），認為是發生萬物，支配萬物的造物主，而人類是渺小的存在，所以祈求造物主保護，不要降臨災害。這個就是他們宗教的定義，宗教的觀念。他們的上帝或神，不容你去懷疑或討論，否則就是冒瀆神。人只能像主僕關係一般，絕對服從，絕對相信神（上帝），祈求不要傷害人，並賜予人所希望的東西。這件事從智慧的立場來看，不太合理，不是智慧的宗教。

　　釋迦佛告訴我們，並沒有一個造物主，沒有創造萬

物、支配萬物的上帝，在三法印中的「諸法無我」，就已把這個道理表達得很清楚了。所以從這個立場來看佛教，就知道佛法完全不是宗教。

佛教的出發點就是否定造物主及一切權威，認為一切眾生都平等，天地萬物都平等，所以佛教其實不是宗教。佛教是要用智慧去探討宇宙本來實在的情形，釋迦佛將他開悟的道理說給我們聽，所以他稱自己為導師，是覺者，而眾生是不覺。覺者是已經明瞭了宇宙真相，將所明瞭的真相告訴我們，使我們跟他一樣。如果硬要把佛教稱為宗**教，那佛教是最平等、民主與智慧的宗教，就是愛因斯坦所說的「宇宙性宗教」。**

佛經開示我們，宇宙中有一個能力，一切萬物都是這個能力產生的，**這個能力的本體就是我們的心，**我們的心就是宇宙的能力，而心的本體（本性），在佛經叫「佛性（覺性）」。這個佛性與天地萬物的本性相同，但在方便上，有情（有心識作用）眾生的本性用「佛性」來表達，而像草木國土這類無情（無心識作用），其本性就用「法性」來表達。佛性與法性都是同一個東西，都是宇宙的本性（本體），這在佛經稱為「真如本性」。在佛經，「法」就是一切事物的意思。

剛才說到，宇宙的能力就是我們的心，我們的心就是宇宙的能力，但是我們都不知道我們的心這麼偉大。只要

你的雜念、妄想能全部消除，心清淨到宇宙的能力能夠顯現出來時，那麼你就會體會到「我本身就是宇宙，全體宇宙的能力就是我的能力！」，這叫明心見性，就成佛了。**所以說佛教不是一般的宗教，因為佛教否定我們是被上帝創造的，反而是我們的心造出一切萬物，而且每一個人都可以成佛。**

如果我們一時還不能自覺自己的本性，還不能脫離六道輪迴的噩夢，自覺業障深重，煩惱無盡，也可以請諸佛菩薩消災解厄，滿足我們各種願望，在這個意義之下，**佛教可說是最幸福光明的宗教，信佛的人是最幸福的人。**

2.佛教不屬於神學，不是無神、一神、多神或泛神論，但又包含所有神學的內容

（1）佛教否定有一個創造宇宙的上帝或神，但不是無神論

佛教的三法印是佛法根本原則，也是一切萬有的根本法則。其中「諸法無我」就表明了大至整個宇宙，小至每一個人甚至基本粒子，都沒有一個主宰的中心力量，來發生一切現象，所以佛教否定有一個創造宇宙的上帝或神，在這個意義之下，好像是「無神論」一樣。但是假使把「無我實相」當做「無神論」，那就錯了！我們都以為自己的身心就是「我」，但如來告訴我們，這個「我」是

幻覺，這就是《圓覺經》講的：「妄認四大為自身相。」就是說把四大的和合相當做自己的身體；「六塵緣影為自心相」，意即我們所認為的心只是六塵的一個影子而已。我們眾生有這樣的誤解，所以世尊要打破這個誤解，就開示我們：這個「我」是沒有的，不存在的，把這個「假我」、「小我」打破了以後，我們才可以真正的認識真我——真如本性的我，這個「我」才是永遠存在的。所以，**從真如本性這個實我、大我的立場來看，那就和所謂的「無神論」完全不一樣**。「無神論」就是不承認有神、有精神的存在，佛法雖主張「無我」，但承認真如本性的大我、實我，那就是和「無神論」不一樣的地方。

　　另一方面，一般的無神論者不僅否定造物者的存在，也不承認有一般人感官不能覺知的鬼神及佛菩薩的存在，而佛教的十法界宇宙觀告訴我們有各種不同頻率的世界，只是一般人的認識結構不能相應。所以佛教不屬於無神論。

　　（2）佛教主張一切諸佛同一佛性，即毘盧遮那佛，但
　　　　 不是一神教

　　佛經說一切佛都是毘盧性海中的一個功德，就是說：只有一個毘盧遮那佛，一切佛都是毘盧遮那佛裡面性海中的功德。從這個立場來看，有的人就認為：這就是和基督教的上帝一樣。其實不是這樣的，這個毘盧遮那佛，只是

一切佛綜合的具體表現而已，並不是只有毘盧遮那佛本身才可以包括一切佛。假使用釋迦牟尼佛的立場來看，一切佛都包括在釋迦牟尼佛裡面。比方說，釋迦牟尼佛現在入金剛喻定，他在入金剛喻定當中看起來，一切諸佛就是他自己，在那個時候，釋迦牟尼佛就是毘盧遮那佛，所以毘盧遮那佛並不是獨立的一個如來。假使同時間阿彌陀佛入金剛喻定，由阿彌陀佛本身看起來，一切諸佛就是我阿彌陀佛自己，這個情形叫做一多圓融，這是佛教最微妙、最深的一個秘密。從這一點看起來，不是單純的一神教。因為雖然一切諸佛同一佛性，但是一切諸佛皆有一切諸佛的報身，從報身看起來，每一個如來都不一樣。但如果每一個如來入金剛喻定的話，則都是圓融到同一個佛性裡，這就不是單純的一神教。譬如西方極樂世界的阿彌陀佛，就是阿彌陀佛的報身佛；琉璃淨土的藥師佛，就是藥師如來的報身佛。報身佛是永遠不會消滅的，這才是我們修持的目標。我們修成了以後，我們本身每個人都有一個報身佛，這些報身佛同時入金剛喻定的話，都可以證入同一個佛性。一切佛就是一佛，一佛就是一切佛，這是很微妙的一個事情。

（3）佛教裡有無量多佛，但不是多神教

在佛教裡有藥師佛、阿彌陀佛、釋迦牟尼佛、寶生佛……等等一切諸佛，表面上看起來和「多神教」一樣，

不同處在於每一個佛、菩薩都是**同一個佛性**，雖然一切如來都有報身佛，但從真如本性看來，則是一個如來，這一點和多神教不一樣。所以你向每一個佛求都可以相應，拜一佛就等於拜諸佛。諸佛的功德都是一樣的，雖然各個報身佛的表現有其特別的功用，但這個功用在真如本性內都可以圓融無礙。所以和多神教不一樣的地方就是：一切諸佛同一個佛性，一多圓融。

（4）佛教雖主張一切眾生悉有佛性，但不是泛神論

佛教不僅主張一切眾生悉有佛性，乃至無情、有情同圓種智，不但眾生可以成佛，連草木有一天都可以成佛，從這一點看來，有人就認為是「泛神論」。但佛教不是泛神論，因為泛神論沒有同一個佛性的說法。「泛神論」雖然認為一切都可以成佛，但成佛的本身那個佛性是同一個佛性，同一個真如本性，「泛神論」的看法還沒有進步到這個程度。

很多人都誤會，佛教從某一方面看來，好像是「無神論」、「多神教」、「一神教」，又好像是「泛神論」，但都不是這四者。所以佛教不落入有神、無神、一神、多神或泛神的範疇中，勉強說起來，似乎可以稱為「超神論」。

3.佛法不是哲學，但又可以說是最高的哲學

　　哲學本來是要探討永恆性、必然性和普遍性的真理，但如前面說過的，哲學是理性主義的產物，仍受到康德說的範疇所限制，或用佛法的名稱，就是受到六根六塵六識框架的局限，所以並不能真正得到永恆而普遍性的真理。但是如上面討論佛法的產生中所說，佛法完全沒有受到這些限制，所以才可以得到全體宇宙的實相，在這個意義之下，佛法可以說是最高的哲學。

　　其實不少古今中外的哲學家都認為佛法是最高的哲學，因為所有的西洋哲學的雛形都在佛經裡面，佛經講得更加詳細。例如華嚴宗的十玄門，就是最高最圓滿的辯證法。又如心理學方面，佛經將意識分成十識，眼耳鼻舌身識叫前五識，也就是視覺、聽覺、嗅覺、味覺與觸覺，前五識的心識作用綜合起來後，才可以認識一個東西，例如說：這是花，這變成第六識。第六識的連續，形成第七識（自我意識）。這個第七識潛伏在我們的心識下面，用心理學的語言來說，叫「下意識」或「潛意識」。下意識相當於佛教說的第七意識的前段，至於後段西洋心理學家還不清楚。第七識的後段能知過去未來，這一部分目前有些西洋心理學家正在研究當中，這個學門稱之為「超心理學」（parapsychology）。所以可以說現在主流的心理學只研究到佛教說的第七識的前段，最重要的第八識他們還不清

楚，不過在前言中說的超個人心理學已慢慢摸索到這邊來了。如果知道第八識，就可以了解我們的生命如何連接到前生與來生。如果開發了第九識，就會知道大宇宙如何形成，如果證入十識，就成佛了。

4.佛法不是科學，但又可以說是終極的科學

佛法也不是科學。因為佛法是全宇宙永恆的真理，而科學是暫時性、局部性的知識。科學方法的特色是以二種原則做出發點，來發展它的學說。

第一，所有的東西，都把它們設定在靜態中去觀察，就是將本來動態的東西固定為靜態來觀察，這是科學最大的特色。出發點已經有一個誤差了，因為宇宙一切東西沒有一刻不在動。在動中，將一個有機的全體視為固定的狀態，來加以剖析觀察，所得到的不是真正宇宙實相，這是科學的界限。

第二，除了還原到靜態而固定的物質來觀察之外，還再分析裡面的性質與這些東西之間的交互作用，然後用**固定的方程式**描述出來，形成所謂的科學定律。

而這些科學的運作，實驗也好，理論的構成也好，都是在人類既有的六根六塵六識的框架中運作的，故不能得到宇宙的真正實相。

科學把不可分開的全體宇宙，硬分成主體和客體來

研究，並且將之固定化、定量化，所以不能探討出宇宙實相，只能摸到宇宙局部的殘缺片面而模糊的影子罷了。

如果從**實證**的觀點來看，**佛法才是真正直接全體的實證，而科學只是間接局部的實證**。在動中和宇宙同步動，在動中同時體會起來，這時體會的東西就是佛法。科學不是這樣，把動的東西固定化，例如用顯微鏡只能看局部固定的東西，真正動的東西看不到。

科學遠遠落後佛法，但如同在前言說過的，量子論已開始證明佛法的真理性，所以佛法可以作為科學永遠的領航者。也可以說佛法就像燈塔，指引科學這艘在真理的茫茫大海中摸索前進的船。

佛法也可以說是終極的科學，永遠走在任何時代科學的前面。科學要探討的問題，佛法早就有答案。譬如宇宙如何無中生有，宇宙未生前是什麼情形？宇宙外是什麼？在佛法中都有解答（這在前面佛法的宇宙觀中已討論過），這都是禪定中發現的宇宙真相。

佛法是一切文化的根本

從以上的討論，可知佛法不是科學，不是哲學，也不是宗教，那佛法是什麼呢？只好講佛法就好了，佛法就是佛法，在文化上沒有辦法編在哪一個分類裡面。假使用現

代語來說，就是真理而已。這個真理是釋迦牟尼佛在禪定中開發出來的，他用的方法最特殊。

　　在禪定中，釋迦佛發現認知的結構會改變，則對應的被認知的世界也在改變，這是釋迦佛最偉大的發現，也就是說，**宇宙的物理現象和人的心理現象並不是兩個東西，而是一體的，一個獨立而絕對客觀的宇宙是不存在的**，而這個妄認是一切科學的出發點。所以物理和心理要合在一起研究，形成一個新的科學。其實現在就有「心理物理學」這個學門，並且也開始用量子論探討意識現象，「意識科學」已開始興起，科學總算朝向佛法指引的方向前進了，也可以說佛法的真理要開始被科學驗證了。

　　從科學的觀點來看，釋迦牟尼佛所用的方法，是利用打坐來探討宇宙的真相，我們也可以說打坐是做實驗（這樣說有點不敬，不過方便上我們可以這樣說）。每個人如果真正去打坐，所得到的結果通通會跟釋迦牟尼佛一樣，發現同樣的真理，這就是科學所強調的「可重複性」。所以它不是某人所獨有的經驗（所以絕非神秘主義）。一切諸佛所見到的宇宙真相都是一樣的。例如釋迦牟尼佛說《法華經》時，多寶如來從地下湧出一個寶塔，來證明釋迦牟尼佛所講的《法華經》跟過去諸佛所講的是一樣的（同樣的真理）。這就證明每一個如來都是真理的實驗者，而實驗的結果都是一樣的。

對人類文化而言，禪定是最重要的基石，不然人類文化就沒有立足之地了，都沒有根了，發現這個根的是釋迦佛。佛法是由禪定開發出來的智慧發現的，這個智慧日本佛教學者鈴木大拙稱之為「空慧」（其實我們中國的祖師僧肇大師早就用過空慧這個名稱），即真空的智慧，這跟一般的智慧不同，在佛教這個智慧叫般若般羅密。

人類文化一定要加入禪定這個要素，才可以圓滿地說明出來，所有人類的文化都包括在禪定裡面。從這樣的「人類文化思想論」的觀點來看，佛教文化在人類文化中占有最重要的地位。

從以上的詳細討論就可以完全了解佛法的特色。佛法不是科學，不是哲學，不是宗教（也不是神祕主義），可是同時又包含了科學、哲學和宗教，因為佛法是包含整個宇宙（十法界）的真理，所有科學家和哲學家所要追求的東西，都在佛法裡面。

也可以說佛法才是智慧（宇宙性）的宗教，究竟的科學和無上的哲學。簡單的說，佛法是一切文化的根本，所以我們不要捨本逐末，大家要從「根」做起，根一立，則整個人類文化的大樹必生意盎然，果實纍纍。

後記
「佛法科學」已將來臨

　　如果要用一句話代表佛法，那就是「三界唯心所現，萬法唯識所變」，或者簡單的說「一切唯心」。其實萬法與一切宇宙也是業力所現，所以佛法的關鍵字是「心」與「業」。主觀的立場叫作「心」，客觀的立場叫作「業」。也可以說佛法的根本是「心」，佛法的中心是「業」。「心」就是現在學術界熱門的議題：「意識（consciousness）」，而「業」就是目前科學界熱門的議題：「量子信息」。

　　佛法本來就不屬於科學，如上所詳論。所謂的「佛法科學」是一個暫時的名稱，意思是「被佛法帶領而走向佛法方向」的科學。這種科學的特色是融合主觀和客觀，心與物不分，而以意識為根本要素的科學。如果發展到極致，就變成佛法本身了，在此意義之下，佛法可說是終極科學（the ultimate science）。如我在前言說到的，有不少科學家（包括一些物理大師）已注意到目前科學的這種趨勢。現在意識的研究已變成科學了，有所謂的「science of consciousness」。

佛法是釋迦佛所發現永恆的、徹底的宇宙人生真理，而這個真理是在主客未分、能所雙亡的情況下開發出來的，這才是最正確最圓滿的宇宙真相。而一般科學的出發點，是假定有一個獨立於觀察者之外的客觀的宇宙（自然世界），但這個出發點同時也是科學的終點，註定了科學無法發現宇宙真相的命運，而只能摸索到一些模糊的影子。幸虧量子論的發展，啟示了世人時空的虛幻性以及意識的重要性。認為「有一個客觀的宇宙」這個想法，已經違反目前的量子物理學了。

　　如果科學要真正探討自然界的真相，那就要往佛法指示的方向前進，也就是要打破主觀與客觀的對立。這代表一方面要將主觀（意識）導入物理，意即客觀的物理要主觀化（這已漸漸在量子物理學發生了）；一方面要將客觀性導入意識，意即心理因素的客觀化，現在正興起的意識科學就在作這件事。所以主觀客觀的分立已開始打破了，心理與物理也開始融合在一起了，所以說朝向佛法指引的方向的新科學已將來臨。

　　意識科學的興起特別重要。在1980年代以後，意識的探討慢慢變成科學的議題，特別是在認知科學和腦神經科學方面，目前物理學家已加入這方面的研究，在這之前的研究大都屬於哲學方面。**「意識科學」的興起預示了朝向佛法方向邁進的科學時代已將降臨。**

但目前意識科學的研究，還無法擺脫唯物觀的束縛。很多科學家仍認為意識不能離開大腦而存在，意即意識只能由大腦產生（其實這種想法是19世紀後伴隨牛頓力學而產生的，在這之前，它不是主流思想），現已有大量的證據顯示這並非事實，下面會詳加說明。

　　在物理方面，量子論的發展，雖然從本體論和認識論的觀點來說已慢慢脫離了唯物觀，但在探討意識的問題方面，從方法論的觀點來說，仍受唯物觀的影響。一個出名的例子，就是英國物理大師羅杰‧潘羅斯（Roger Penrose）和神經生理學家史都華‧哈蒙諾夫（Stuart Hameroff）合作，利用量子重力論於腦神經的微管組織（microtubules），來解釋意識的現象，但這只能用於了解**意識與神經元的關聯性**，這樣的探討方法無法了解**意識的本質與來源**。

　　意識不是來自於大腦，已經有大量的證據證明這一點（可說鐵證如山），但大多數的西方科學家，不是未曾聽聞就是不加理會，實在可悲。下面說明這些證據及介紹一位重要的研究者布魯斯‧格雷遜（Dr. Bruce Greyson）。

　　格雷遜教授是維吉尼亞醫護大學知覺學系的心理醫學與神經行為學的教授，也是美國心理醫學協會的終生傑出院士，花了數十年的時間研究瀕死經歷與前世記憶。在一場題為「意識是由大腦產生的嗎？」的演講中，他列舉了很多證據顯示意識不是由大腦「產生」的，下面擇要地介

紹他演講的內容。

　　目前的大腦科學的研究只是暗示著「思想、知覺與記憶」確實與大腦**有關聯性（corrlation）**，但不代表大腦是這些東西的**成因（causation）**。有許多的研究一致地支持下列這個想法：思想、知覺與記憶是由在**大腦之外**的某種意識所產生的，然後再經由大腦的一些特定區域加以接收、傳送和處理，這種情形很像手機、收音機與電視機一樣。訊號或信息從另一個地方生起，但需要手機來接收和處理這些信息。如果我們測量手機內的電流活動，或移走某些元件，就可以知道哪些元件會影響信息的接收，但這並不證明信息是由手機所產生的，就像我們從神經細胞的研究不能證明思想是由大腦所產生的一樣。

　　西方科學的傳統是化約主義（reductionism），就是說把一切東西分解為更小的部分，而整體就是這些部分的組件所構成，這樣好像就比要了解整體還更容易了。這個想法其實是不對的，因為整體的運作方式與個別組件不同。

　　大腦有數百萬神經細胞（神經元），大腦能思想和感受，而單一神經元卻不能。我們無法理解的是，若單一神經元不能思想，那麼神經元的組合為甚麼可以？目前科學家自圓其說地認為意識是一種突現（emergent）性質，意即當腦有足夠質量的聚集時，意識就會突然的顯現出來，然而這種講法並沒有真正解決意識的問題，意識仍然是個未

解之謎。從唯物的世界觀來看，實在難以了解單憑腦內的電脈衝或化學激發，就可以產生思想或意識出來。即使如此，這些科學家仍堅守這個19世紀以來的唯物傳統，認為大腦以某一種奇妙方式產生意識，無視於「在大腦處於極端情況，或缺乏大部分的大腦的情況下，意識仍運作良好」的證據。

諷刺的是，當二十世紀的心理學仍沿用牛頓時代傳下來的唯物觀時，物理學卻脫離了唯物觀，認為意識是物理現象的關鍵元素（前言已有詳細說明），所以在物理學中新的典範已產生了。而在心理學和大腦科學方面，要一直到我們在研究非常情況下（譬如瀕死經歷）的意識現象，才發現唯物觀的侷限，才產生新典範的需求。

如同現今量子物理學視「意識」為不可化約（irreducible）的元素，目前科學界已開始提出「意識可以不需大腦而運作」的建議，根據的是格雷遜教授所提出的四種大量的證據：（一）長期喪失知覺後，於死前數天或彌留時，意識忽然恢復（迴光返照）。（二）雖有很少量的大腦組織，但意識不受影響。（三）瀕死經歷，已有超過一千個案例。死後有更鮮明準確的感官認知，有人甚至出現天眼通或天眼明。（四）有些年幼兒童會有前世記憶，能準確的說出前世相關的人地物，格雷遜教授的小組已經研究了二千多起案例。

這些證據證明了意識不是由大腦產生的，所以目前主流科學界流行的「心腦同一論」完全站不住腳。因此要研究意識，就要完全擺脫唯物觀，這方面要向佛法請教。例如前世記憶之謎，用八識的觀念就很容易解開。前面已經相當詳細的介紹了佛教唯識論，這才是終極的「意識科學」。

意識研究的方法學

如同在前面佛法的文化觀所強調的，不同的探討方法就會得到不同的文化內容，科學也是如此，不同領域所使用的方法（包括儀器）都不相同。西洋科學的傳統以為有一個絕對客觀的自然世界（量子物理學已證明這是錯誤的想法），認為科學研究不能有主觀的成分，要盡量客觀才可以得到正確的知識，所以從來西洋科學都是第三人稱科學。

這樣的科學傳統，不僅以為有絕對客觀的自然界，而且認為世界是以物質為主體，精神（心靈）只是附屬於物質的伴隨現象，此即科學唯物主義。如果有所謂的「意識科學」，也是認為意識由腦神經系統所產生，這叫「心腦同一論」，這是目前大多數認知科學家和大腦科學家的主張。

一旦認清意識的來源不是大腦（如格雷遜教授他們所證明的），那麼意識本身就變成科學要研究的一個主題（雖然是很困難的主題），因此以第三人的視角來探討的科學傳統勢必要做改變。如果意識是個人主觀的經驗，而且不是源自於物質性的大腦（雖然有關連），那麼作為科學研究主題的意識要如何去探討？又要用何種「儀器」去探討？

　　答案很清楚，我們唯一能夠直接觀察心靈（心智）的儀器是心靈（心智）本身，簡單地說，就是我們每個人的「心」，所以意識科學勢必變成第一人稱科學，這已脫離了西方傳統科學的範疇。科學儀器一定要相當精密才可以，**那我們的心如何變成一部探討意識的精密儀器呢？**

　　自亞里斯多德時代以來，西方在開發完善精神的方法方面幾乎沒有任何進展，無法將心靈變成觀察心理活動的可靠工具。現代科學從未開發關於觀察意識、心理過程和狀態的嚴密內省方法。威廉·詹姆斯是美國心理學最早的先驅，他強調行為、神經系統與心理過程有重要的關聯性，在這方面他主要是強調內省的作用。然而一般未受過訓練的心靈，易於散亂、昏沉與掉舉，將這樣的心靈作為儀器來探討意識本身是不可靠的。要將心靈改造成一個合適的科學探索儀器，必須使注意力的穩定性和清晰性達到很高的程度。詹姆斯很了解開發持續的、自願的注意力的重要

性，但他承認不知道如何實現這一目標。

佛教意識科學

有越來越多的西方科學家開始發現，有二千六百年歷史的佛教對意識有徹底的研究，因為佛教修行者憑藉禪定手段，可以深入意識的本源，所以西方的意識科學要向佛教取經，有一個人——艾倫・華萊士博士（Alan Wallace），就極力作此主張與呼籲。

華萊士博士很年輕時就在藏系佛學院中，出家受教育達14年之久，受到達賴喇嘛的指導，當過他的貼身翻譯。回到美國後，進入阿姆斯特學院（Amherst College）修習物理學與科學哲學，拿到學士學位，時年37歲。經過8年後，又獲得史丹佛大學宗教學研究所的博士，所以他受過修行和科學、哲學等三方面的訓練。目前他是他一手建立的加州聖塔芭芭拉意識研究所（Santa Barbara Institute for Consciousness Studies）的主任，並經常在歐洲和北美各地傳授佛教哲理和靜坐冥想之術。

他提出「冥想科學」（science of meditation）這個名詞，基本上是一種心識的經驗科學。冥想就是作實驗，而儀器就是我們的心識本身。但要使用這種儀器必須要加以訓練，才可以用來進行這樣的實驗，在這方面佛教有非

常豐富的經驗。他提出「意識基態」這個名稱,「基態（ground state）」是量子力學的專用術語,指的是能量最低或「不被擾動」的狀態,他說處於**終極的意識基態**時,「主體與客體,精神與物質,甚至存在與不存在」這樣的相對概念都消失了,這就是佛教所說的「菴摩羅識」。

　　華萊士博士所說的「冥想科學」其實就是佛教的禪定,**如果要窮盡意識的奧秘,只有入禪定一途,才能徹底**的了知意識（心靈）的性質與來源。當入到最深禪定（金剛喻定）時,就回復最原始的意識（又稱絕對意識、宇宙意識或純粹意識）,就是佛教說的白淨識（梵語菴摩羅識）,此時與真如本性合一,這是成佛的狀態,所以成佛就是回復本心罷了,到此才徹底弄清楚心識的底蘊。西方「意識科學家」如果深切了解這個道理,就會以禪定為手段去做意識科學的實驗,那時他們都變成修行者了。

　　華萊士的看法筆者有部分認同,例如他說佛教不是宗教,因為注重實修經驗與實證,反而較類似於科學（因此有人就以佛教心靈科學或佛教意識科學來稱呼）。但佛法不是一般定義的科學,這已在前面反覆強調了許多次。他認為結合第一人視角的主觀經驗和第三人視角的客觀經驗,就是說結合佛法與科學,可以解決意識之謎,這可能也是越來越多的佛教學者或意識科學家的想法。但是如我在佛法的文化觀這一章所說的,佛法是宇宙人生永恆的真

理，這個真理是包含所有文化（哲學、科學、宗教、藝術等等）的內容，已窮究所有時空物與精神等之實相，**所以佛法不是要被結合的對象。**我認為意識的研究，無論在本體論、認識論或方法論上都要完全採用佛法的觀點，然後看看這種探討的結果如何應用在現今的科學上，到時可能科技會神通化，這可能有點聳人聽聞，但確實會變成這樣。

如果把佛法實修當作「只是」第一人稱的主觀經驗，而科學是第三人稱客觀的經驗，就會有所謂的「結合佛法與科學」的倡議，這種想法其實不了解佛法的真義。**在禪定修行中，主觀與客觀的分立已打破了，意即第一人稱與第三人稱的經驗與知識已融合在一起了，這樣才會得到一切事物的實相。所以我們應該要思考「在佛法的指導下」，如何展開意識科學的研究。**

佛法不僅可以指導意識科學的研究，也可以指導自然科學及一切科學的研究。絕大多數的人把佛教視為一般的宗教，而且是東方宗教，認為這種宗教「只」著重「靈性」或「心靈」的修行，所以認為心靈的探討是其專長，這種見解很狹隘，佛教的專長不只是心靈或意識。很多人搞不清楚佛法說的「心」的意思，說到究竟，這個心是「無形的能力」，是宇宙的本體，能夠產生一切萬物。如果把心作為實驗儀器，不僅可以探究意識的本源與性質，

也可以探討時空物的本源與性質。因為這個心有無窮的能力，是最完整究竟的望遠鏡和顯微鏡，大至整個宇宙小至最幽微的基本粒子，都可以看得一清二楚，這樣的道理目前科學家做夢也想不到。

在此忍不住要對一些流行的看法做個批判。所謂的靈性（spirituality）是西洋人用的名詞，spirit這個字有多種含義：精神，心靈，靈魂，幽靈等等，是相對於（超越於）物質性的肉體而言。**但佛法認為肉體（身）、精神（心）與自然界（境）三者本來一如**，佛教著重的是「**本性**」或「**覺性**」，「**佛**」之一字是梵文「**覺**」的音譯。佛法最重「**菩提**」與「**般若**」，佛具一切智，可以說是究竟圓滿的科學家和哲學家，不是所謂的「心靈導師」而已。佛法的修行不只是精神或心靈或靈性的提升，佛法的修行是要獲得**大智慧**（般若波羅蜜），因此而得到**大解脫**（免於生死輪迴），以**大慈大悲**的心去度眾生。在修行的過程中，一方面我們的理性（知性）提升到本來的覺性，而得到一切智；一方面我們的感性（感情）提升（淨化）成為慈悲心，所以悲智是一體的兩面，有真正的大智慧才有真正的大悲心，反之亦然。

現今的學術界與思想界已經非常不一樣了，因為物理學、生物學與心理學革命性的發展，不同領域之間互相影響與衝擊，所以開始流行不同領域（學門）的整合，以及

產生不同的領域（學門），例如量子論的影響，誕生了量子生物學[註]和量子遺傳學等。意識的科學研究需要融合量子物理學、腦神經科學、認知科學與心理學（包括超個人心理學）等等。也有人對宗教做科學研究，產生了所謂的「宗教科學」。又因意識科學的興起，以意識為中介，似乎可以媒合宗教與科學。

但這些學術之間的整合與宗教（記得佛教不是宗教）跟科學之間的媒合都要在佛法的指導下，才能獲得重大的進展。舉一個例子，量子生物學與量子遺傳學是量子論與生命科學的結合，徹底的量子論是佛法的業說（前面已有詳論），徹底的生命科學是十法界各種宇宙的生命內容（目前人類的生命科學勉強只擴充到外星生物學）。所以徹底的量子生物學與量子遺傳學，就要探討生命如何隨業受報，如何在六道輪迴，這就是佛說的十二因緣，可以稱之為佛法的業種演化論。而了解這些道理後，就知道如何脫出輪迴，那就是要破無明，將業淨化，到極致時就成佛了，這可以說是終極的量子生命科學。由以上所討論的學術界的發現與發展，可以說「被佛法帶領而走向佛法方向」的科學（或簡單的說成佛法科學）已將來臨，讓我們拭目以待！

（註：量子生物學在這十幾年來有很重要的發展。

生物學家已證明光合作用、酵素作用、基因複製都跟量子力學有關。我們鼻子可以聞到氣味，是因嗅覺受體分子與氣體分子的振動產生共振，而造成電子穿隧而引起神經電流所造成的結果。鳥類可以用地球磁場來導航，因為牠們可以「看到」磁力線，這與不可思議的量子糾纏有關。有興趣的人可以看台灣目前已出版的一本翻譯書：《解開生命之謎——量子生物學，揭開生命起源與真相的前衛科學》。）

國家圖書館出版品預行編目資料

佛法是科學的終極典範：佛法真面目／蘇懿賢
著. --初版.--臺中市：白象文化，2020.6
　　面；　公分
ISBN 978-986-358-996-9（平裝）
1.宗教與科學 2.佛教修持
220.163　　　　　　　　　　　109003169

佛法是科學的終極典範：佛法真面目

作　　者　蘇懿賢
校　　對　蘇懿賢
發 行 人　張輝潭
出版發行　白象文化事業有限公司
　　　　　412台中市大里區科技路1號8樓之2（台中軟體園區）
　　　　　出版專線：（04）2496-5995　　傳真：（04）2496-9901
　　　　　401台中市東區和平街228巷44號（經銷部）
　　　　　購書專線：（04）2220-8589　　傳真：（04）2220-8505
專案主編　黃麗穎
出版編印　林榮威、陳逸儒、黃麗穎、水邊、陳婷婷、李婕、林金郎
設計創意　張禮南、何佳諠
經紀企劃　張輝潭、徐錦淳、林尉儒
經銷推廣　李莉吟、莊博亞、劉育姍、林政泓
行銷宣傳　黃姿虹、沈若瑜
營運管理　曾千熏、羅禎琳
印　　刷　基盛印刷工場
初版一刷　2020年6月
二版一刷　2021年4月
二版二刷　2023年2月
三版一刷　2024年10月
定　　價　300元

缺頁或破損請寄回更換
本書內容不代表出版單位立場，版權歸作者所有，內容權責由作者自負

.